ESTRATEGIA DIGITAL DE MARKETING & VENTAS PARA STARTUPS

MWW

STORMING
MARKETS

ESTRATEGIA DIGITAL DE MARKETING & VENTAS PARA STARTUPS

KIT DE SUPERVIVENCIA DE LANZAMIENTO DE PRODUCTO

ALMUDENA DELGADO GALISTEO
Y VERÓNICA MEZA T.

MWW
STORMING
MARKETS

Printed by CreateSpace, An Amazon.com Company.
Available from Amazon.com and other online stores.

A mis padres, que me dieron una educación y una formación, con mucho esfuerzo y sacrificio, y todo el cariño y apoyo. Gracias.
Almudena Delgado Galisteo

A Dios, a mi familia y a aquellas personas especiales que me empujan a escribir.
Verónica Meza T.

info@wildwindmarketing.com

CONTENIDOS

PRÓLOGO

¿Cuántas veces os habéis sentido perdidos cuando queréis empezar algo, pero no sabéis por dónde? Ése es uno de los significados de ser *Startup*. También de ser un emprendedor. Empezar. Construir.

Hoy en día disponemos más que nunca de información, de gurús, de expertos, de gente que opina sin parar. Sin embargo, muchas veces nos sentimos igual de perdidos a la hora de empezar algo nuevo.

Esto es especialmente cierto en temas de Marketing y Ventas, que están tan de moda y de los que sobran expertos.

Nosotras no queríamos ser una más de esas voces de las que ya disponéis a montones en la web. Queríamos ayudaros. Y la única forma de ayudar a alguien que no sabe por dónde empezar, es ofreciéndole herramientas prácticas con las que pueda pasar a la acción de forma inmediata. Ése es, precisamente, el sentido de este libro: ofreceros un conjunto de herramientas que os permitan pasar a la acción y sobrevivir en un mercado competitivo.

Construir una estrategia comercial cuesta dinero, lanzar un producto también. Probar cuesta dinero, inventar cuesta dinero. Nosotras hemos tenido que vivir esa experiencia en carne propia porque venimos del mundo de las *startups* y del emprendimiento. Hemos tenido que realizar ese proceso de aprendizaje, hemos tenido que construir nuestras propias herramientas o implementar las de otros en situaciones reales. Y ese proceso de aprendizaje con sus errores ha tenido costes para nuestras empresas. Pero nosotras creemos en esto. Creemos y hemos visto cómo el Marketing puede hacer la diferencia.

Este libro es simplemente la recopilación de ese proceso de aprendizaje, con herramientas concretas de Marketing y Ventas que podéis poner en práctica de forma inmediata. Os va a dar la oportunidad de comprobar por vosotros mismos que una máquina de Marketing y Ventas sincronizada y en pleno funcionamiento puede hacer de ese proyecto que tenéis entre manos algo más cercano a eso con lo que soñáis.

¡Estad preparados para poneros manos a la obra!

Verónica Meza T.
Co-autora de este libro.

ESTRATEGIA DIGITAL DE MARKETING Y VENTAS PARA STARTUPS

INTRODUCCIÓN

La mayoría de las *startups* empezamos de la manera en la que nuestros recursos nos lo permiten. Si no contamos con financiación, comenzamos trabajando, aprendiendo y experimentando directamente con el cliente. Otras, que cuentan con la suerte de poder invertir dinero, se toman un poco más de tiempo antes de empezar sus operaciones. Sin embargo, en un caso o en otro, en algún punto, debemos cuestionarnos sobre la mejor manera de operar a nivel comercial y de Marketing. En algún momento, nos preguntamos o preguntaremos: ¿cómo hago para vender mi producto a más clientes?

La respuesta a esa pregunta no es otra que trabajar en vuestra estrategia de Marketing y de Ventas. Pero, ¿por dónde empezar? La idea de este libro, es guiar a los equipos de las *startups* a través de ese proceso de construir sus procesos de Marketing y Ventas.

Antes de avanzar en la explicación de lo que os vais a encontrar en este libro, debéis saber que ese proceso de construcción lo llevaremos a cabo siguiendo varias premisas:

1. Este libro ha sido concebido para empresas con una clara orientación al **Marketing Digital.**

2. Este libro abraza los preceptos del *Inbound Marketing* **y del Marketing de Contenidos.**

3. Este libro está pensado para *startups,* **empresas pequeñas y micro empresas** que inician su andadura en el Marketing y las Ventas apoyadas en un entorno digital.

4. Este libro está concebido para que sus lectores puedan **ensuciarse las manos y poner en práctica** todos los conceptos y metodologías aquí descritas.

En la primera parte de este libro, estudiamos precisamente estas premisas, para que entendáis los supuestos y conceptos básicos sobre los que vamos a trabajar.

Una vez aclarados estos puntos, podréis entrar en materia y comenzar a pensar en la que queréis que sea vuestra estrategia de Marketing y Ventas. Sin embargo, antes de diseñar, el primer paso es deteneros un momento a analizar cuál es vuestro punto de partida. Vuestro punto de partida puede ser conceptual (lo que creéis que queréis hacer) o un punto de partida real, describiendo vuestra situación actual. Para ayudaros a determinar dichos puntos, en la segunda parte de este libro os ayudaremos a definir las cuestiones fundamentales a nivel de Marketing y de Ventas. Os ofreceremos herramientas que os ayudarán a reflexionar sobre asuntos cruciales de la estrategia comercial, así como a determinar los puntos en los que aún no existe absoluta claridad sobre lo que queréis hacer.

El resultado de aplicar estas herramientas, va a ser vuestra materia prima para plasmar los cimientos de vuestra estrategia de Marketing y Ventas. Con los cimientos definidos, podréis ponernos manos a la obra y diseñar todo el aparato y la maquinaria encargada de llevar a buen puerto vuestra estrategia comercial. Vais a tomar de las herramientas explicadas en el capítulo dos, la información y la puliréis como si de un diamante se tratase, para definir los fundamentos de vuestra estrategia de Ventas en la tercera parte de este libro.

La cuarta parte de esta guía está dedicada a un punto muy especial: la Arquitectura *Inbound* de vuestra estrategia comercial. Es decir, todo el soporte de contenidos que tendrá vuestro Marketing Digital y vuestra estrategia comercial.

Finalmente y para que tengáis claro cómo medir el desempeño de la estrategia implementada, en el capítulo cinco exploraremos algunos indicadores que pueden daros pistas sobre qué tan bien lo estáis haciendo.

Sin más dilación, ¡vamos allá!

PARTE 1: LAS BASES PARA COMPRENDER ESTE LIBRO

PARTE 1: Las bases para comprender este libro

Existen una serie de conceptos que como lectores deberíais de entender antes de meteros de lleno en los siguientes capítulos. Son las premisas sobre las que este libro ha sido escrito. Leyendo este capítulo comprenderéis si de verdad este es el libro para vuestro proyecto, *startup* o pequeña empresa.

Objetivos

Leyendo este capítulo...

- Sabréis si este libro está hecho o no para vuestra empresa.

- Comprenderéis conceptos o términos de frecuente uso en esta guía.

1.1 Marketing y Ventas Digitales

El Marketing ha sido tradicionalmente considerado como una actividad empresarial costosa y difícil de medir. Los medios tradicionales como la televisión o la radio, justificaban esta creencia, ya que las empresas se veían obligadas a invertir grandes sumas de dinero en campañas cuyo impacto económico y rentabilidad resultaban extremadamente complejos de medir.

Internet vino a cambiar todo esto. Tal y como lo describe David Meerman Scott en su libro *"The New Rules of Marketing & PR"*, Internet ha cambiado las viejas normas del Marketing y de las Relaciones Públicas, porque ha modificado la forma misma en la que las personas compramos.

De acuerdo con Meerman Scott: *"La web es diferente. En lugar de una interacción unilateral, el Marketing de la web se encarga de entregar contenidos de utilidad al comprador en el momento preciso en el que lo necesita. Se trata de interacción, información, educación y elección."*[1]

En el mundo que ha despertado Internet, es el comprador quien investiga, quien decide si quiere escuchar o no sobre vosotros, justo al revés de cómo se hacía años atrás, en los que la publicidad y el Marketing trataban de interrumpir constantemente al posible comprador y grabarle a fuego una marca en la cabeza sin darle opción a escapar. Por eso, se invertían cifras astronómicas en anuncios de televisión de 30 segundos, porque las empresas sabían que estábamos obligados a verlos mientras observábamos nuestros programas favoritos. El posible comprador no tenía ni voz, ni voto. Ahora es él quien nos busca en la web, quien decide si quiere saber más sobre nuestros productos y quien

---

1   Meerman Scott, David. The New Rules of Marketing & PR: How to use Social Media, Online Video, Mobile Applications, Blogs, News Releases, & Viral Marketing to Reach Buyers Directly. 4ta Edición. Wiley, 2013. ISBN 978-1-118-48876-8.

nos escribe una consulta para que sigamos avanzando en su propósito de comprar.

Por otro lado, ahora es mucho más fácil saber el retorno que nos genera cada unidad monetaria invertida. Los compradores en la web dejan rastros que son fáciles de seguir, fáciles de medir. Sabemos con certeza cuánta gente ve nuestras webs al mes, cuántos se descargan los dosieres de nuestros productos, cuáles son los temas en los que tienen más interés.

Este es el ambiente en el que nos movemos, estos son los días en los que vivimos y este es el Marketing del que entendemos y del que pretendemos hablar en las próximas páginas.

Con las Ventas ha pasado algo parecido. Aunque no vendamos directamente a través de la web, es mediante ella que nuestros posibles compradores nos encuentran y se informan sobre nuestros productos. Este libro no está pensado sólo para las empresas que han implementado comercio electrónico, sino también para todas aquellas que tienen productos que necesitan que sus clientes lleven a cabo cierto proceso de investigación antes de comprar. Porque para aquellas empresas, la web es clave en la generación de posibles compradores y en que éstos se decanten por su producto cuando hay tantos otros en el mercado.

El capítulo tres lo dedicaremos específicamente al tipo de Ventas que se generan *online* pero que requieren la interacción con un equipo comercial. Veremos cómo ese equipo debe tratar a esos posibles compradores que se generan de forma *online* para asegurar un mejor desempeño a nivel de ventas.

Si vosotros también tenéis fe en el Marketing y en las Ventas de las que os hemos contado, y creéis que pueden cambiar vuestro negocio, este libro es para vosotros.

1.2 *Inbound Marketing* y Marketing de Contenidos

Cuando admitís que es el posible cliente o comprador quien tiene la batuta en la relación comercial, que es él quien decide sobre cuándo quiere hablar con vosotros y quien se informa sobre vuestro producto antes de venir a vosotros, admitís también un factor clave en el Marketing Digital: vuestra misión fundamental es poner a disposición de ese cliente la información que necesita para que decida acudir a vosotros y continuar con su proceso de compra.

La web, como dijimos antes, se basa en nuevos principios. Uno fundamental que ha variado es la cantidad de tiempo del que disponemos para informar al cliente. En el mundo de la televisión, la radio, el cine y la prensa escrita, todo es tremendamente efímero. Tenemos menos de 60 segundos para contarle a nuestro cliente lo que hacemos, o en el caso de la prensa, lo que escribimos hoy para nuestro cliente, no estará (a menos que paguemos por ello) en la edición de mañana.

Internet es menos temporal. No tenemos un condicionante real desde nuestra parte, para no ofrecer información profunda sobre nuestro producto. La única limitante de tiempo que existe la pone el cliente: ¿quiere leer durante una hora sobre la forma en la que mi producto soluciona su problema? Aún teniendo en cuenta esta limitante, tenemos cierto control sobre ella, ya que tenemos la capacidad de hacer lo suficientemente interesante nuestros contenidos para que el posible comprador quiera invertir en ellos su tiempo y, además, tenemos dichos contenidos disponibles de forma ilimitada en el tiempo para que nuestro futuro cliente lo consulte cuantas veces quiera en el momento en que lo desee.

Pero el quid del asunto está precisamente en la existencia de dicha información y en la facilidad con la que alguien con intención de compra pueda encontrarla. Por eso, hablamos en el Marketing Digital de forma constante sobre Marketing de Contenidos. Porque a través de distintos formatos que llamamos contenidos (Blogs, vídeos, *wikis*, foros, notas de prensa *online*, redes sociales, *e-books*, *White papers*, etc.) podemos comunicarnos directamente con nuestros posibles clientes y poner a su disposición toda la información que necesitan para guiarles a través de su proceso de compra.

Entre 2005 y 2009, surgió y se popularizó el término *Inbound Marketing*. Este concepto fue impulsado por David Meerman Scott, el autor del que ya hemos hablado, y por Dharmesh Shah y Brian Halligan, ambos fundadores de Hubspot, una compañía dedicada al desarrollo de software de Marketing. En especial, el término se relaciona con Halligan, que lo define como la forma de facilitar el que gente con interés y que está comprando en nuestra industria pueda encontrarnos.

De acuerdo con Halligan[2]: *"Los motores de búsqueda, los blogs y otras tendencias de Internet, han transformado fundamentalmente la forma en la que la gente y las empresas compran productos, sin embargo, la mayoría de negocios pequeños aún usan métodos de Marketing ineficientes y desactualizados –como publicidad impresa, telemarketing y ferias- que la gente cada vez más encuentra intrusivos y les hacen descartar."*

Esta nueva forma de ver el Marketing, el *Inbound Marketing*, se fundamenta en la idea de dejar que sea el cliente quien venga a nosotros, y no en la vieja idea de interrumpirlo para captar su atención. La médula de esta visión está en el Marketing de Contenidos, que se convierte quizás en la herramienta fundamental para ejecutar otras estrategias *Inbound* como el *SEO* o la nutrición de *leads*.

2   http://blog.hubspot.com/blog/tabid/6307/bid/2989/Inbound-Marketing-vs-Outbound-Marketing.aspx

No queremos extendernos más en conceptos o discusiones abstractas sobre el Marketing. Nuestra intención con esta breve introducción al *Inbound Marketing* y al Marketing de Contenidos, es la de dejar claro cuál va a ser el derrotero sobre el que si seguís leyendo, vais a construir vuestra estrategia de Marketing Digital.

1.3 *Startups*

Aunque los conceptos y herramientas que os presentamos en este libro son aplicables casi que a cualquier tipo de empresa, lo cierto es que nuestra experiencia nos ha permitido poder probarlas en un entorno muy claro: el de las *startups tecnológicas*.

El diccionario WordReference define *Startup* como: *"nueva empresa"*[3]. Las *startups* son empresas muy jóvenes, pequeñas y que cuentan usualmente con una base tecnológica o con un alto componente de innovación.

En particular, el sector en el que hemos tenido la suerte de llevar a cabo estas ideas a la práctica es el del desarrollo de software, y ésto nos demuestra, no sólo que el Marketing Digital e ideas como el *Inbound Marketing* funcionan, sino que además, son la aproximación del Marketing que mejor se adapta a este tipo de empresas ya que:

- No requieren de grandes presupuestos.
- Podemos llevarlas a cabo por nosotros mismos.
- Nos ofrecerán resultados cuantificables de una forma relativamente rápida.

Si no pertenecéis a una *startup* pero sospecháis que el Marketing Digital puede ayudar a vuestra empresa y que con este libro podéis aprender sobre ello, no os preocupéis, nosotras también creemos que no estáis equivocados: ¡Seguid leyendo!

---

3   http://www.wordreference.com/es/translation.asp?tranword=startup.

1.4 ¿Kit de supervivencia?

Este libro no es un libro de texto. No es un libro para disertar filosóficamente sobre los nuevos conceptos del Marketing actual.

Es un libro para gente que necesita actuar y que no sabe por dónde empezar, o que tiene una idea de cómo hacerlo, pero le asaltan múltiples dudas sobre la ejecución de su estrategia comercial.

Este es un libro para ensuciarse las manos haciendo y deshaciendo. Pero también para que consigáis incrementar esas posibilidades de éxito de vuestro producto, construyendo procesos sólidos y consistentes de Marketing y Ventas en un entorno digital.

Por esta razón, a lo largo de su contenido encontraréis herramientas y ejemplos que os ayudarán a aplicar los conceptos a vuestro propio caso, a vuestra propia realidad. Usaremos un lenguaje sencillo, que permitirá que rápidamente interioricéis todos esos conceptos de Marketing que a veces resultan tan abstractos o que parecen funcionarle sólo a las empresas de Silicon Valley.

No nos ceñiremos a usar ejemplos de un solo sector, si no que intentaremos ofreceros distintos tipos de ejemplos que a veces coincidirán con vuestro caso y otras veces no, pero que serán descritos de forma que sean fácilmente exportables a vuestra propia situación.

Tenemos fe de que llevando a la práctica en vuestro contexto el contenido de las próximas páginas, pronto seréis un ejemplo vivo de todas las ventajas que una estrategia de Ventas y de Marketing bien planteada pueden generar para una empresa.

1.5 Instrucciones

Preparad papel y lápiz y tened listas vuestras dos manos, porque en los siguientes capítulos os las vais vas a ensuciar.

Olvidaros de tener un papel pasivo de lectores mientras recorréis estas páginas. Practicad. Pensad en vuestro propio caso, preparad vuestras fichas y el resto de herramientas que veréis en los ejemplos.

Este no es un trabajo para que lo haga una sola persona. Trabajad en equipo. Varias cabezas piensan mejor que una. Varios pares de ojos ven mejor que un par. Si bien, una sola persona puede ser el catalizador del conocimiento en este libro, lo que recomendamos es que realicéis los ejercicios en equipos de trabajo.

¡Comenzamos!

PARTE2: ¿POR DÓNDE EMPEZAR?

???

PARTE 2: ¿Por dónde empezar?

Como vimos en la Introducción, después de poneros en situación, debéis deteneros a reflexionar sobre cuál es vuestro punto de partida o cómo de lejos estáis de conseguir la posición que deseáis.

Por ello, os proponemos resolver tres aspectos clave que cimentarán la estrategia de Ventas y de contenidos de vuestra compañía: ¿Quién es vuestro cliente? ¿Qué es lo que vendéis? Y ¿Por qué alguien querría comprarlo?

En este capítulo, os recomendamos ensuciaros las manos varios miembros del equipo, de forma que las respuestas sean consensuadas y se haga un trabajo de análisis transversal.

Objetivos

Al terminar este apartado...

- Habréis definido en profundidad quién es vuestro cliente.

- Sabréis lo que hace diferente vuestro producto del de la competencia.

- Tendréis una idea medianamente clara de cómo se venderá vuestro producto.

Empezad por resolver las siguientes preguntas.

2.1 ¿Quién es vuestro cliente?

Nuestra experiencia como consultoras, y la experiencia en nuestras propias empresas, es que no hay nada que nos cueste más a las *startups* que definir a nuestro cliente objetivo. Podríamos pasar horas y horas hablando de nuestros productos, pero si nos preguntan a qué se dedica nuestro cliente, cuál es su tamaño y quién es el sujeto que toma la decisión de compra, en más de un caso nos encontraríamos en serios aprietos para contestar. ¿Por qué? Porque aún no hemos comenzado a vender nuestro producto o porque le vendemos a cualquiera que nos quiera comprar (supervivencia absoluta). También porque nos cuesta sentarnos a pensar, hacer un esfuerzo por concretar, después de todo, ¿es tan importante definir el cliente con tanto detalle? Es decir, por supuesto que tenemos en nuestras cabezas una idea más o menos formada de quién creemos que puede comprar nuestro producto, pero ¿en serio necesitamos ser tan minuciosos con este tema?

2.1.1 ¿Por qué definir exhaustivamente a vuestro cliente?

Imaginad que queréis conquistar a alguien, lo normal es preocuparse por saberlo todo de ese alguien, por dónde suele salir, si le gusta viajar, si le gusta el café o el té. Cuando tengáis que "conquistar" clientes, también tendréis la obligación de saber todo lo que podáis sobre los mismos.

No es fácil, cierto. Pero pensad que vuestro cliente será vuestro aliado indispensable para conseguir vuestros objetivos. Y uno de esos objetivos ha de ser el de recorrer el camino entre una idea y una empresa que genera recursos por el camino más corto. Seguro que habéis ido a muchos seminarios en los que los CEOs de *startups* cuentan "*comenzamos haciendo otra cosa y el mercado nos puso en nuestro sitio"*. Éstos son algunos afortunados que lo pueden contar, pero parafraseando a Francisco Javier Malagón Terrón[4], *"las cunetas están llenas de emprendedores que no encontraron a su cliente"*.

De modo que, tener claro quién es vuestro cliente desde un principio os ayudará a evitar quedaros fuera de juego o malgastar recursos haciendo ensayo-error hasta que encontréis vuestro sitio. Eso, y la frustración que supone trabajar duro y no conseguir el resultado que esperáis.

Si no tenéis un cliente claramente definido:

Os resultará difícil centrar la evolución del producto: corréis el gran riesgo de terminar haciendo de vuestro producto lo que el cliente de turno os pida y, así, es difícil conseguir que tenga consistencia y un claro valor diferenciador. En las empresas de software esto es particularmente crucial, pues no podéis dejar que sea cada mes un nuevo cliente quien defina vuestro *roadmap* (guía de ruta) de producto. Sin embargo, esto no es diferente de las empresas de servicio. Por ejemplo, si tenéis una consultora de Marketing y queréis que sea conocida como la mejor consultora de lanzamiento de producto de vuestro mercado, no podéis dedicaros a hacer consultoría de finanzas este mes y, el mes siguiente, consultoría sobre recursos humanos. Tener un cliente objetivo os permitirá que vuestro producto evolucione hacia la solución de las necesidades de dicho tipo de cliente, lo que hará que vuestro producto tenga más valor para ellos.

Os resultará difícil reutilizar el trabajo hecho: si desarrolláis un producto para un cliente y conseguís venderlo a un segundo,

---

4   http://pendientedemigracion.ucm.es/info/mediars/AutoresMS/ MalagonTerron/malagonterron.html

sólo tendréis los costes de desarrollo de producto la primera
vez, con lo cual, vuestro margen será mucho más alto. Si tenéis
clientes muy dispares, tendréis que empezar de cero cada vez
que trabajéis para uno de ellos, con lo cual tendréis que seguir
afrontando altos costes.

**Tendréis dificultades para saber dónde debéis buscar a vuestros
clientes:** ¿qué foros visitan vuestros clientes? ¿Qué blogs u otras
publicaciones? ¿Cómo dejar el rastro para que vuestro cliente
os pueda encontrar en Internet? Si no tenéis un cliente definido,
¿cómo podréis responder estas preguntas?

**Será complejo averiguar cuál es el mensaje que es pertinente para
cada tipo de cliente:** si sois totalmente reactivos frente a vuestros
clientes y, simplemente, vendéis a cualquiera que venga a buscaros,
¿cómo sabréis con qué mensaje buscar a vuestros clientes el día
que nadie toque a vuestra puerta? El problema es que no habréis
tenido tiempo para conocer en profundidad a ninguno de vuestros
clientes, por ello, os será difícil llegar a hablar su mismo idioma.

**Será complicado priorizar oportunidades de venta y asignar
recursos a éstas:** en el día a día van a ir llamando a vuestra puerta
diferentes perfiles de posibles clientes. Y, daos cuenta cuanto
antes, vuestros recursos son limitados, tenéis que dedicarlos a
aquellas oportunidades con mayor posibilidad de cerrar la venta.
Esas oportunidades se dan cuando alguien o una empresa con el
perfil de vuestro cliente quiere saber más acerca de lo que hacéis.
Si no tenéis claro quién sí y quién no puede ser vuestro cliente,
atenderéis a todas las oportunidades de venta con la misma
intensidad. Lo más probable es que estéis perdiendo vuestro
tiempo con personas o empresas que no os van a comprar y
dejando de dedicar vuestro tiempo a aquellas con las que sí tenéis
una verdadera oportunidad.

Os costará hacer previsiones reales de ventas y para el resto de departamentos: entorno a lo que podéis vender gira toda la organización de la empresa. Si creéis que vais a vender diez, estimaréis que podéis gastar cinco, en insumos, personal, daros a conocer, etc. Si no sabéis quién es vuestro cliente, qué y cuánto consume, no podréis hacer esa estimación. Sí, una estimación puede tener desviaciones, positivas y negativas, pero esa desviación será menor cuanto mejor conozcáis a quién os dirigís.

En conclusión, conocer a vuestros clientes os permite aprovechar mejor los recursos y centrar vuestros esfuerzos comerciales, de Marketing y de producto/operaciones/servicio en aquellos nichos y compradores que mejor conocéis y con los que, por tanto, tenéis mayor probabilidad de éxito.

2.1.2 ¿Cómo NO definir a vuestro cliente?

En el caso de las empresas *Business to Business (B2B)* –empresas que venden a otras empresas-, es importante que llegados a este punto, empecéis a ver a vuestro cliente no sólo como el nombre de una compañía, o las empresas que operan en cierto sector, o que están ubicadas en cierta zona geográfica. Vuestro cliente son un montón de cosas juntas que definen no sólo un perfil de empresa, sino también un perfil de personas detrás de las empresas. Las empresas no toman decisiones, las toman las personas. En conjunto o de forma individual, son las personas las que deciden cómo invertir los presupuestos de las empresas.

En el caso de las empresas que vendéis al consumidor final – *Business to Customer (B2C)*- tendréis que dejar de ver a vuestro cliente sólo como "cualquier persona entre 10 y 60 años", y empezar a ver realmente "personas", con gustos, preferencias y circunstancias que hacen que una persona sea o no un potencial comprador.

Lo que os queremos trasmitir antes de empezar a trabajar en definir a vuestros clientes es que vais a tener que cuestionaros en profundidad sobre las cosas, situaciones o características que realmente hacen que una persona o empresa sea un cliente objetivo.

La mejor manera de definir a vuestro cliente es la misma que utiliza la policía cuando busca a un delincuente no identificado: construyendo perfiles que describen con minuciosidad todos los datos conocidos de la persona que se quiere encontrar.

Otro punto importante a aclarar aquí es que probablemente no tengáis un único perfil de cliente. Esto no es un problema. Lo que es problemático es no tener acotado y desarrollado ese número de perfiles. Si tenéis cinco perfiles de clientes, tendréis claro cómo encontrar y prestar valor a esos cinco tipo de clientes.

Ya que hemos aclarado lo fundamental sobre la definición del cliente, vamos a empezar a ensuciarnos las manos.

La manera en la que nosotras ayudamos a nuestros clientes a definir sus clientes, es a través de fichas o *templates*. Estas fichas, preguntan sobre las principales cosas que debemos saber sobre un cliente. La forma en la que debéis ensuciaros las manos, es rellenando las fichas que os proponemos de acuerdo a vuestros casos particulares.

2.1.3 Instrucciones

Las empresas *B2B* vais a tener que definir vuestros clientes en dos dimensiones:

- **Target:** Es el cliente visto como una organización, empresa o compañía. Se estudian sus características globales. Tendréis que definir las características que hacen a una empresa un potencial cliente.

- **Buyer Persona:** Tendréis que definir cómo es la persona que dentro de una organización puede tomar la decisión de comprar un producto como el vuestro.

¿Por qué no sólo definir un perfil de empresa? Porque como os decíamos en la sección anterior, las empresas no toman decisiones, las toman las personas y necesitáis saber cómo llegar a aquellos que toman las decisiones, qué cosas les preocupan y aprender a hablar en su lenguaje.

Y los que operáis en mercados *B2C* vais a tener que definir:

- **Buyer Persona:** Tendréis que definir quién es vuestro consumidor y por qué éste va a querer gastarse su dinero en vuestro producto.

La forma de definir estos perfiles de empresa-cliente (*Target Audience*) y comprador-cliente (*Buyer Persona*) es a través de fichas como ya os adelantamos. Por cada tipo de cliente tendréis que crear una ficha. Así mismo, para cada perfil de comprador-cliente, se definirá una ficha concreta.

¿Quién tiene que hacer este trabajo? Si no habéis empezado a operar aún, probablemente este trabajo lo tengáis que llevar a cabo los propios emprendedores. Si ya operáis y tenéis una estructura establecida, este trabajo debería llevarse a cabo de forma coordinada entre Dirección, Marketing y Ventas. De esta forma, alcanzaréis una visión más completa del cliente objetivo y con menos vicios, ya que tendréis distintos tipos de ángulos desde los cuales describir a vuestro cliente.

Por último, os recomendamos trabajar como dice el refrán "*sin pausa pero sin prisa*". Lo hemos escrito al revés porque si bien no debéis atrancaros en esta fase, sí debéis poner esmero en encontrar vuestras respuestas correctas, como el artesano que poco a poco da forma a un trozo de barro hasta convertirlo en una bonita vasija. Es decir, pensad detenidamente y no contestéis lo primero que se os ocurra sin repensar las respuestas.

Fichas de Target Audience y Buyer Persona

Bien. No sería justo si solo os damos tres directivas y pasamos a otra cosa. Nosotras también nos vamos a ensuciar las manos con vosotros. Vamos a utilizar el supuesto de nuestra propia empresa para definir nuestros perfiles de *Target Audience* y *Buyer Persona*.

Nuestra empresa se llama Wild Wind Marketing y su visión es ayudar a las empresas a cambiar sus realidades mediante el Marketing Digital. Damos asesoramiento a empresas en temas de Marketing y Ventas. Concretamente, ayudamos a *startups* que quieren lanzar productos y que van a utilizar una estrategia digital.

En nuestro caso, operamos en un mercado *B2B*, así que tendremos que definir un perfil *Target Audience* y un perfil *Buyer Persona*. Aunque tenemos varios tipos de clientes, sólo vamos a dar un ejemplo de dos fichas concretas ¿OK? *Here we go!*

TARGET AUDIENCE

Ubicación Geográfica

País, Región.

España. México. Colombia.

¿A qué se dedica nuestro cliente?

Definir en detalle la actividad principal de nuestro cliente objetivo y sus principales características.

Desarrolla y/o comercializa productos tecnológicos o con alto valor innovador en mercados *B2B* o *B2C*. Dado el carácter novedoso de lo que nuestro cliente vende, para su cliente antes de comprar es necesario hacer una investigación *online* sobre este tipo de productos, razón por la cual, nuestro cliente quiere invertir en Marketing Digital.

Sector

Sector global de nuestro cliente.

Tecnologías.

Subsector

Subsectores de nuestro cliente.
Un nivel de definición más profundo de definición que el anterior.

- Desarrollo de Software empresarial.
- Servicios *cloud B2C* y *B2B*.
- Aplicaciones móviles *B2C* y *B2B*.
- Desarrollo de herramientas software para otras empresas de software (*frameworks*, tests, *gamification*, pasarelas de pago).
- Plataformas de redes sociales.

Tamaño (Nº Empleados) *(Revenue)*

Tamaño de nuestro cliente en empleados y facturación aproximada.

En la Unión Europea:
Micro Empresa
1-9 trabajadores, hasta 2.000.000€ de facturación anual.

Pequeña Empresa

10-49 trabajadores, hasta 10.000.000€ facturación anual.

Mediana Empresa

50-249 trabajadores, hasta 43.000.000€ de facturación anual.

Gran Empresa

Más de 250 trabajadores, más de 43.000.000€ de facturación anual.

Los clientes de Wild Wind Marketing, pueden ser de dos tipos:

Empresas que aún no empiezan operaciones

En este caso no existe un tamaño como tal, pero para que esta empresa pueda ser cliente nuestro, calculamos que dicha empresa debe tener pensado invertir sobre los 10.000€ en conceptos de Marketing y Ventas de cara a lanzar su producto y empresa.

Empresas ya en funcionamiento

Son empresas que al menos cuentan con una persona dedicada a Marketing Digital y que hacen una inversión mínima en dicha persona de entre 14.000€ y 20.000€ al año. También aplica el caso de empresas que externalicen las funciones de Marketing por un valor similar.

Además, estas empresas invierten en publicidad, posicionamiento, diseño web, redes sociales, vídeos comerciales, etc. como mínimo unos 10.000€ adicionales.

Es decir, hablamos de una inversión al año que ronda los 30.000€.

Es más o menos una convención que las empresas invierten en Marketing el 20% de sus ingresos. Sabiendo esto, a partir de una simple regla de tres con estos datos podemos identificar los ingresos mínimos de nuestro cliente.

Si el 20% de sus ingresos son 30.000€ al año, ¿el 100% a cuánto equivale? Equivale a 150.000€ en ingresos anuales.

Como esto es sólo un método de aproximación y existen unas estadísticas oficiales que definimos en el enunciado, vamos a hacer una equiparación entre ingresos y facturación.

Con esos 150.000€ de facturación, nuestro cliente entraría en la categoría de Micro Empresa. Esta estadística nos da otro dato adicional: sabemos que nuestra *startup* objetivo tiene entre 1 y 9 trabajadores.

Lo que hemos calculado hasta aquí es el mínimo que deben cumplir nuestros clientes en materia de tamaño y facturación. Es decir, hemos definido a nuestro cliente más pequeño.

Por lógica, si trabajamos para *startups* que están lanzando su producto en el mercado, no tendrá mucho sentido considerar entre nuestros clientes a la gran empresa y a la empresa mediana. Por tanto, en términos de tamaño, sabemos que nuestro cliente será como máximo una pequeña empresa con hasta 49 trabajadores y hasta 10 millones de euros de facturación anual. En términos de facturación, sin embargo, nuestra experiencia nos dice que la *startup* que es nuestro cliente objetivo no supera los 3 millones de euros en facturación.

En otras palabras, nuestro cliente es una microempresa o una pequeña empresa, con un rango de trabajadores de entre 1 y 49, y una facturación anual de entre 150.000 y 3 millones de euros.

Target Market

Tipo de clientes objetivo. También podría ser cliente final.

Empresas *B2B/B2C*.

Marketing *Expenditure*

Qué presupuesto tiene nuestro cliente para gastar en un producto como el nuestro.

En global, nuestro cliente se gasta al menos 30.000€ al año en Marketing Digital para el caso de empresas en operaciones.

En el caso de empresas que aún no están en el mercado, éstas tienen que tener prevista como mínimo una inversión de 10.000€ en Marketing para el lanzamiento.

Para cualquiera de los casos anteriores, las empresas tienen que tener un presupuesto previsto de entre 3.000€ y 6.000€ para invertir en servicios como el nuestro.

Departamentos Cliente

Departamentos decisores de la compra de nuestro producto.

- Dirección.
- Marketing.
- Ventas.

Common Decision Makers

Perfiles de personas dentro de los Departamentos Cliente que toman decisiones de compra.

- *CEO* y similares (Dirección general).
- *CMO* y similares (perfiles de Dirección del departamento de Marketing).
- *VP of Sales* y similares (perfiles de Dirección del departamento de Ventas).

¿Qué problema(s) tienen estas compañías que nuestro producto puede resolver?

Problemas que llevan a una persona o empresa a buscar una solución como la nuestra.

- Necesitan ayuda con su *Business Plan*.
- Tienen una idea de producto pero no saben cómo aterrizarla.
- Cuentan con equipos sin mucha experiencia en Marketing y Ventas digitales, ya que su tamaño y recursos les impiden contratar a perfiles altos.
- Tienen demasiada incertidumbre sobre el lanzamiento de un producto tecnológico.
- Tienen dificultad para identificar y cuantificar los recursos necesarios para el lanzamiento.
- La incapacidad para definir una estrategia clara paraliza su proceso de lanzamiento.
- Se dan cuenta de que no están gestionando de forma adecuada las ventas que generan vía web y de que pierden dinero por ello.
- Les falta experiencia en la comercialización de un nuevo producto.
- No saben cómo posicionar su nuevo producto a través de Marketing Digital.
- No saben cuál es la forma adecuada de estructurar su departamento de Ventas.

¿Qué producto en la actualidad usan estas compañías para resolver los problemas que resuelve nuestro producto?

Quién más ofrece nuestro producto o productos sustitutivos para nuestro mercado objetivo.

- Consultoras de Marketing.
- Consultoras de producto.
- *Business Angels.*
- Consejos de inversores.
- Gurús del sector.
- Auto aprendizaje con recursos *online*.
- Método de ensayo y error.

¿Qué lo identifica como posible cliente?

Factores cualitativos que definen a nuestro cliente.

- Va a realizar el lanzamiento de un producto tecnológico en el corto plazo.
- Es una *startup* con dudas sobre cómo va a poner su producto en el mercado.
- Tiene presencia en la web o planea tenerla.
- Tiene o tendrá un departamento de Marketing y realiza o realizará campañas de Marketing Digital.
- Sus clientes deben hacer una investigación *online* sobre el producto antes de comprarlo.
- Su cultura es una cultura digital. Saben que Internet es el camino para su negocio.

BUYER PERSONA (MARKETING PERSONA)

Rol

Qué puesto ocupa en su organización la persona con poder de compra.

CEO o Director General.

Edad

Intervalo de edades de la persona que compra.

26 - 50 años.

Antigüedad en su rol

Años de experiencia en su cargo.

Entre 0 y 8 años.

Nivel educativo

Formación académica de la persona que compra.

Estudios superiores relacionados con la empresa, la tecnología o su sector.

Conocimientos

Áreas que domina la persona que compra.

Conocimientos sobre nuevas tecnologías. Además, estas personas suelen tener conocimientos a nivel de Dirección, emprendimiento, Ventas y Marketing. Son personas familiarizadas con el entorno digital.

Rango de ingresos

Intervalo de ingresos anuales de la persona con poder de decisión de compra.

20.000 – 80.000€.

Estilos de vida

Estilos de vida.

Personas muy abiertas a las tecnologías. Se mantienen al día en plataformas *online*, no tienen miedo a sistemas *cloud* y están dispuestos a probar nuevas formas de hacer las cosas. Todos no son *Early Adopters*, si bien no están rezagados a la hora de incorporar nuevas herramientas y metodologías a su trabajo.

Nuevos *gadgets* y aparatos electrónicos les resultan especialmente atractivos.

Una buena forma de definirlos es como apasionados por las tecnologías.

Son personas que tienen poco tiempo para ejecutar todo lo que les gustaría y poco tiempo también para desarrollar nuevas ideas.

Tienen que conseguir o ayudar a conseguir unos objetivos determinados. Por lo que, necesitan ver de forma clara y esquemática cómo van a conseguir esos objetivos y tener visibilidad completa de los resultados que están teniendo y van a tener.

Suelen ser personas autodidactas a las que les gusta leer en su tiempo libre sobre Dirección, emprendimiento, Marketing, Ventas y tecnologías en general.

Influencers (¿Dónde buscan información?)

Medios a través de los cuáles se informan.

Blogs de emprendimiento, tecnologías, Marketing y Ventas. Algunos ejemplos:

* *Entrepeneur.*
* *Inc.*
* *OnStartups.*
* *MarketingProofs.*
* *Marketing Today.*
* *Developerdotstar.*

LinkedIn (grupos especializados). Algunos ejemplos:

- *On Startups – The Community for Entrepreneurs.*
- *Startups and Entrepreneurs Get Funded.*
- Marketing 2.0 en Español.
- Marketing, Publicidad y Social media en Español.
- Marketingaholics | Marketing en español.
- Online Marketing LATAM.
- *Inbound Marketing Spanish.*

Intereses

Intereses, inquietudes y gustos.

- Tecnologías web que les permitan automatizar trabajo, medir mejor sus acciones, llegar más rápidamente a su público objetivo.
- Suelen leer muchísimo en su tiempo libre sobre nuevas cosas relacionadas con tecnología, emprendimiento, Marketing y Ventas.

¿Cuál es la mayor preocupación de estas personas dentro de su trabajo?

Qué les quita el sueño.

- Optimizar los recursos de que disponen para conseguir su objetivo de lanzar un producto tecnológico.
- Encaminar el desarrollo de su producto tecnológico.
- Conseguir financiación.
- Encajar todas las piezas del equipo.

Pain Points (Principales motivaciones para comprar el producto)

Qué buscan paliar con la compra de nuestro producto.

- Procesos de Ventas y Marketing que no están bien definidos.
- Procesos de Ventas y Marketing descoordinados.
- Falta de una estrategia de Ventas y Marketing *online*/digital.
- Falta de experiencia en el lanzamiento de productos.
- Necesidad de justificar su plan frente a Inversores.

¿Cuáles son las principales objeciones para comprar un producto como el nuestro?

Qué les da miedo.

- Intangibilidad del servicio.
- Necesitan ver qué van a conseguir.
- Desconfianza en metodologías de consultoría *online*.
- Temen no acostumbrarse a la no presencia física del equipo consultor ni en reuniones ni en sesiones de trabajo.
- Temen que la inversión les reporte sólo informes de consultoría y no cambios reales que se materialicen.

Recomendaciones Concretas y Tareas

1. Definir al menos dos *Buyer Personas* y dos *Targets Audience* según vuestro tipo de mercado.
2. Identificar el tamaño real de vuestro mercado para los distintos sectores específicos en los mercados geográficos a los que queréis atacar.

¿Más ayuda con esto?

Si ya estáis operando en el mercado, lo mejor que podéis hacer es coger un conjunto de clientes, con los que penséis que el trabajo que hicisteis es aquello a lo que os gustaría dedicaros, porque aportáis más valor o, simplemente, porque os hace más ilusión. Tratad de rellenar vuestras fichas de *Target Audience* y de *Buyer Persona* pensando en vuestros clientes. Llamadlos y preguntadles las cosas de las que no os encontréis muy seguros.

Si aún no estáis en el mercado, intentad ver si quienes vosotros creéis que son vuestra competencia os dan pistas sobre este asunto. Investigad sus webs, sus dosieres, etc.

2.2 ¿Qué es lo que vendéis?
Y, ¿por qué alguien querría comprarlo?

Hemos llegado a la parte que seguro más os gusta: hablar sobre vuestro producto. Aunque a través de esta sección os daréis cuenta –casi con toda seguridad- de que en el fondo, no lo tenéis del todo claro. No os asustéis. Es normal, y para eso estamos los amigos ;-)

Con un poco de trabajo tendréis una respuesta bastante profunda a estas preguntas. Podréis claramente transmitir a cualquiera con facilidad qué es lo que hace vuestro producto, qué necesidad resuelve y por qué podéis decir que resuelve esa necesidad mejor que la competencia.

2.2.1 ¿Por qué responder a estas preguntas?

Esta es la base de vuestra estrategia de Marketing y del argumentario con el que vuestro equipo comercial intentará persuadir día a día a vuestros posibles clientes. Esta es la razón que daréis a ángeles inversores, empresas de capital riesgo, bancos y otras instituciones para financiar vuestro proyecto.

Si no tenéis claro qué es lo que vendéis y por qué alguien está dispuesto a pagar por ello:

Tendréis un mensaje de Marketing que no resonará en la mente de vuestros compradores: difícilmente conseguiréis hacer que entiendan el beneficio que les supone comprar vuestro producto o adquirir vuestros servicios.

Será más probable que vuestro posicionamiento de producto os lleve a veros envueltos en una guerra sangrienta con la competencia: si no respondéis a estas preguntas de forma satisfactoria, no tendréis un posicionamiento bien definido en la mente de vuestro comprador. No estaréis claramente diferenciados de la multitud de proveedores que ofrecen lo mismo que vosotros ofrecéis o algo similar.

Os será difícil transmitir la estrategia a vuestros compañeros de viaje: vuestro equipo comercial, *partners* y otros colaboradores externos deben tener claras las ideas que les permitirán defender el producto.

Tendréis un futuro de producto difícil de visionar desde el presente: responder a estas preguntas es, ciertamente, responder a la visión del producto o servicio que tiene vuestra compañía. Si no está claro, el desarrollo de vuestro producto o servicio estará sujeto a los vaivenes de cada fase de vida de vuestra empresa.

2.2.2 ¿Cómo NO responder a estas preguntas?

Pensando desde vuestra posición, sin poneros en el lugar del cliente. Pensando que vendéis casas, cosas, software, aparatos, comida, servicios, etc.

"Vosotros no vendéis productos o servicios, vendéis soluciones a problemas.

Incluso si producís bienes de lujo o de consumo, en el fondo, existe alguna necesidad real, mental, emocional o ficticia que vuestro producto soluciona. Algo profundo o racional que mueve a vuestro cliente a daros su dinero. Necesidad de que otros le vean mejor de lo que él se siente, necesidad de parar una fuga de dinero en su compañía, necesidad de marcarse un punto frente a su jefe, necesidad de sentir que en la vida ha llegado más lejos que sus padres.

Segundo consejo. De ninguna manera tratéis de responder a estas preguntas como lo hacen los demás (vuestra competencia).

"Vosotros y vuestro producto o servicio sois únicos y diferentes y, siempre siempre, mejores que el resto.

Pero no se trata sólo de decirlo, se trata de hacer y de interiorizar este mantra en cada persona de vuestro equipo, desde el que lleva la contabilidad hasta el ingeniero que diseña vuestro producto.

Tercer consejo:

"Vuestro producto no es diferente porque cobráis menos a vuestro cliente.

Siempre terminaréis por encontrar a alguien que trabaje más barato que vosotros. Podéis ganar esta lucha un día, un mes, dos años, pero no para siempre. Recordad en todo momento, que el precio al que vendéis vuestro producto es una traducción monetaria del valor mental que vuestro cliente le asigna a lo que hacéis.

"No seáis baratos, sed buenos en los que hacéis.

2.2.3 Instrucciones

A continuación, exploraremos herramientas que os ayudarán a responder con mayor profundidad las preguntas que os planteamos en este apartado.

En concreto, veremos cinco herramientas distintas:

- **Ficha de producto** - ¿Qué vendéis?

- **Diagrama Pétalo** - ¿Qué vendéis? (Posicionamiento de vuestro producto).

- **Océanos Azules** - ¿Por qué alguien debería compraros a vosotros y no a vuestra competencia?

- *Golden Circle* - ¿Por qué alguien debería compraros? (Capacidad de inspirar de vuestro producto).

- **Ficha de *Value Proposition*** - ¿Por qué alguien debería compraros? (Cuál es el beneficio que comprándoos obtiene vuestro cliente).

Pongámonos pues, manos a la obra.

Ficha de Producto

Ya que debéis estar familiarizados con las fichas, vamos a daros una nueva plantilla sobre la cual trabajar. Con esta ficha debéis dar respuesta a la pregunta ¿qué es lo que vendéis?

Para ilustraros sobre cómo responder esta ficha, vamos a seguir con el ejemplo de Wild Wind Marketing.

PRODUCTO O SERVICIO

Producto

Definir cuál es nuestro producto. 20 palabras son suficientes.

Consultoría *online* de Marketing y Ventas para *startups* en fase de lanzamiento de producto.

¿Qué necesidad resuelve? ¿Qué problema(s) tienen los clientes que nuestro producto puede resolver?

¿Para qué necesidades ofrece una solución?

- No saben cómo afrontar el lanzamiento de su producto.
- La falta de conocimiento paraliza el proceso de lanzamiento.
- No saben cómo construir una estrategia digital global de Marketing y Ventas.
- Su maquinaria de Ventas es ineficiente.
- No tienen clientes para su producto o éstos son muy pocos.
- Tienen nuevos retos que no saben cómo afrontar.
- Quieren penetrar en nuevos mercados.
- Necesitan aterrizar las ideas que el equipo tiene en procedimientos de trabajo concretos.

¿Cuáles son sus características principales?

Definir las características de nuestro producto de forma esquematizada.

- Ofrece un acompañamiento en el lanzamiento de producto por expertos en el mundo de las *startups* tecnológicas.
- Usa metodologías ágiles que permiten:
  - La definición clara y el cumplimiento de hitos de entrega.
  - Y la revisión continua durante el proceso de consultoría.
- Es un servicio virtual.
- Es un servicio orientado a ofrecer herramientas para que el cliente pueda trabajar de forma autónoma.
- Transfiere al cliente conocimiento de vanguardia en materia de Marketing y Ventas.

¿Qué producto/servicio en la actualidad compran/usan estas compañías para resolver los problemas que resuelve nuestro producto?

¿Cómo solucionan nuestros clientes sus problemas en la actualidad?

- Servicios de consultoría no especializados en *startups* tecnológicas.
- Servicios de consultoría de Marketing.
- Auto aprendizaje: blogs, libros, *webinars*, cursos de formación.
- Asesoría ofrecida por instituciones de apoyo al emprendimiento.

¿Cuáles son las principales objeciones para comprar un producto como el nuestro?

Dónde tenemos que esforzarnos por demostrar el valor que aportamos.

- Los clientes están acostumbrados a procesos de consultoría presenciales.
- Los clientes tienen dificultad para ver el resultado de la consultoría (intangibilidad) en el momento de la contratación.
- Los clientes desconocen las metodologías de consultoría *online.*
- Los clientes temen que los resultados de la consultoría se queden sólo en papel.

¿Por qué se nos caería una venta?

Una vez que un proceso de ventas está iniciado, qué podría hacer que la venta no se consiguiese.

- Porque el cliente es inflexible en materia de la realización de una consultoría exclusivamente presencial.
- Porque nuestro rango de precios no coincide con el rango de precios que el cliente está dispuesto a pagar.
- Porque el proceso de consultoría no cuenta con el compromiso y la implicación de la Dirección de la *startup*.

¿Por qué un cliente debería elegirnos?

¿Qué nos hace diferentes?

- Ahorramos a nuestros clientes costes y tiempos de aprendizaje en el lanzamiento del producto.
- Tenemos experiencia directa en *startups* tecnológicas.
- Damos a nuestros clientes herramientas concretas sobre las cuales construir su propia estrategia.
- Cumplimos con tiempos y materiales de entrega.
- La consultoría *online* aporta mayor flexibilidad y autonomía a los equipos de *startups* que suelen ser pequeños y tener mucho trabajo por hacer.

¿Cómo planea evolucionar nuestro producto en los próximos 3 años?

Si existe un *roadmap* de producto explícitamente definido indicadlo.

Como consecuencia de la experiencia exitosa en consultoría de lanzamiento de productos y para poder llegar a un mayor público, se planifica la publicación de este libro.
El siguiente paso será la publicación en inglés de este mismo libro.

¿Qué posicionamiento nos gustaría para nuestro producto en la mente del consumidor?

¿Por qué cosas queremos que sea conocido nuestro producto?

Consultoría ágil, efectiva y de aplicación real en lanzamiento de productos.

¿Cómo trasladamos nuestro posicionamiento a palabras persuasivas?

Lema.

Storming markets.

Párrafo de máximo 5 líneas:

Creemos en el poder del Marketing Digital para convertir tu producto tecnológico en un vendaval que revolucione el mercado en el que pretendes implantarte.

¿Cuál es el *'Customer Experience'* de los clientes de nuestro producto?

Lo que pasa desde la primera vez que el *lead*/posible cliente contacta hasta que el cliente ya tiene el producto en funcionamiento.

Veámoslo de una forma esquemática:

- Cualificación de prospecto.
- Reunión de recogida de requisitos.
- Presentación de propuesta que incluye:
  a. Propuesta de valor.
  b. Entregables.
  c. Hitos de entrega.
- Aceptación de propuesta y firma del contrato.
- Proceso de consultoría:
  a. Reunión *online* de *Kick-off* (explicamos los detalles del proceso).
  b. Entrega de cuestionario de diagnóstico.
  c. Análisis de la situación de partida e identificación de puntos clave a trabajar.
  d. Reunión *online* para resolver dudas y comentar los resultados.
  e. Entrega de un modelo de definición de procesos de Marketing y Ventas (Varias entregas).
  f. Reunión *online* en la que se aclaran dudas para que el equipo pueda hacer sus ajustes al modelo (Varias reuniones ligadas a las entregas).
  g. Evaluación de cumplimento de requisitos de la consultoría.
- Reunión de fin de proceso de consultoría.
- Encuesta de satisfacción.
- Regalo de agradecimiento al cliente por confiar en WWM.
- Seguimiento del cliente y análisis de nuevas necesidades.

¿Quiénes creemos que serán los principales competidores de nuestro producto?

Qué otras soluciones pueden usar nuestros posibles clientes para satisfacer sus necesidades.

- Otras consultoras.
- Empresas de formación en Marketing Digital.
- Gurús y expertos en Marketing y Ventas *online*.

¿Cuáles son las principales diferencias de nuestro producto frente a la competencia?

¿Qué podemos ofrecer nosotros que otros no?

- Especialización en lanzamiento de producto tecnológico para *startups*.
- Procesos ágiles, claros y transparentes.
- *Expertise* de vanguardia.
- Énfasis en ofrecer herramientas prácticas al cliente.
- Experiencia real en *startups* tecnológicas.

¿Por qué estamos en una posición única/buena/inmejorable para resolver los problemas del cliente?

¿Por qué somos lo que el cliente busca?

- Nuestra propia estrategia de Ventas y Marketing es digital, es decir, somos lo que vendemos.
- Venimos del mundo de la *startup* tecnológica y contamos con experiencia real.
- Por nuestra reconocida labor de difusión del conocimiento en Marketing y Ventas.

Océanos Azules

Una vez que hayáis definido con bastante profundidad qué es lo que vendéis, llega el momento de preguntaros cuáles son las razones que llevarían a un posible cliente a gastarse su dinero en vosotros y no en otros. Es tiempo de decidir vuestra *Propuesta de Valor*, que es una mezcla de producto, cliente y precio:

- **Cliente:** vuestro producto debe estar enfocado a resolver las necesidades de alguien. Es por esta razón por la que en los apartados anteriores nos hemos esforzado tanto por definir los *Target Audience* y las *Buyer Personas*. Lo que sea que vendáis debe ser relevante para esas empresas, representantes de empresas o consumidores individuales que habéis definido.

- **Producto:** vuestro producto tiene que tener un valor fácilmente definible que os permita que el cliente vea claro qué es lo que os separa de la competencia. Es decir, ¿por qué lo que le ofrecéis es mejor que lo que le están ofreciendo los demás? Esta diferencia del producto no está desconectada de vuestro cliente, todo lo contrario. NO es un valor intrínseco de vuestro producto, sino más bien un valor en relación con las características del cliente al que va dirigido. En la ficha de producto habéis definido ya las características generales del producto, y habéis explorado su relación con el cliente (en preguntas como: ¿por qué estamos en una buena posición para resolver el problema del cliente?, nuestro *Customer Experience*, etc). Un siguiente paso será explorar en profundidad las diferencias con vuestros competidores, de modo que de forma clara podáis hacerle comprender a vuestro cliente qué es lo que os hace más aptos que los demás para resolver su problema.

- **Precio:** vuestro precio tiene sentido siempre que vaya en consonancia con el cliente que habéis elegido. No podéis decir que vuestro cliente van a ser microempresas y ofrecerles un producto que cuesta 75.000€ al año, por la simple razón de que no pueden asumirlo. Tampoco podéis decirle a vuestro cliente que vuestro producto le va a costar un 1€ y que vuestro producto es el mejor, aunque la competencia cobre 100€ por un producto de similares características. El precio que vosotros proponéis es un reflejo del valor del producto, y el precio que finalmente el cliente paga, es un reflejo del valor que para vuestro cliente tiene el producto. Es decir, vuestro precio tiene que ser consecuente con vuestro cliente y con la forma en la que posicionéis el producto.

A estas alturas del libro, ya deberíais tener una idea clara de quién es vuestro cliente. Igualmente, a grandes rasgos, ya sabéis qué es lo que estáis vendiendo y sus principales características. Lo que vamos a hacer a continuación, es ayudaros a definir vuestro posicionamiento de producto. Es decir, cuál va a ser el mensaje que trasmitáis a vuestro cliente para justificar vuestro precio y para destacaros de la competencia. Para ello, vamos a utilizar la estrategia de los Océanos Azules.

W. Chan Kim y Renée Mauborgne publicaron en 2005 bajo el sello Harvard Business School Press, el libro *Blue Ocean Strategy: How to Create Uncontested Market Space and Make the Competition Irrelevant.*[5]

Kim y Mauborgne analizaron más de 150 movimientos estratégicos que cambiaron industrias completas durante más de un siglo. Como resultado de aquel análisis, estos dos gurús de la Administración de Empresas, mostraron al mundo una nueva teoría que trataba de explicar el éxito de muchas empresas. Este éxito, según los autores, se basaba en que dichas compañías

---

5   http://www.blueoceanstrategy.com/es/book/

habían decidido apartarse de una competencia salvaje con las empresas existentes en sus mercados, creando nuevos mercados o ampliando los límites de aquel en el que querían desenvolverse.

La estrategia de los Océanos Azules os ayudará a encontrar una forma de posicionaros en el mercado sin entrar en una guerra sangrienta en la que tengáis pocas posibilidades de sobrevivir. Es encontrar ese punto en el que no hay tantos peces en el agua, porque dentro de un mismo mercado, estáis ofreciendo algo que los demás no tienen.

Encontrando vuestro Océano Azul

Encontrar vuestro Océano Azul os va a llevar un tiempo. El tiempo que tardéis en comprender el estado actual de vuestro mercado y dónde podéis aportar a vuestros clientes un valor que nadie más está aportando.

En esta sección, os vamos a presentar una primera aproximación a una herramienta que os va a permitir esbozar vuestro Océano Azul. Vamos a utilizar un ejemplo. En este caso, hemos querido usar un ejemplo bien conocido por todos nosotros para que los conceptos se entiendan mejor. Vamos a utilizar el ejemplo de cómo Apple incursionó y cambió una industria de muchos años: la de la música.

Para entender este ejemplo, vamos a tener que retroceder más de una década en el tiempo y situarnos entre 2001 y 2003, cuando Apple lanzó el iPod. Lo primero que vamos a hacer es analizar el estado del mercado de los reproductores de música por aquel entonces. Vosotros, por supuesto, tendréis en su lugar que analizar la situación actual de vuestro mercado.

En aquella época, las opciones que tenían disponibles los consumidores eran las siguientes:

Walkman: en decadencia, pero aún en uso. Había permitido la portabilidad de la música, la reproducción, grabación y compartición rápida de la música, ya que los usuarios podían grabar sus propias cintas. Las limitaciones de esta tecnología eran que la calidad de la música era baja y que la portabilidad estaba atada al tamaño físico de la cinta o *cassette*, además, la industria perdía dinero porque los usuarios podían grabar su propia música de la radio, sin tener que pagar por ello.

Discman: la industria se había preocupado muchísimo por incrementar la calidad de la música y esa era la bandera de la tecnología *CD*. La aparición de los quemadores de *CDs* en los *PC* había permitido que los usuarios pudieran grabar su propia música. A nivel de comercialización, la industria seguía arrastrando los mismos problemas del Walkman (tamaño y piratería) y los consumidores se veían obligados a pagar por un álbum completo cuando sólo les gustaba una canción, lo que limitaba mucho las ventas de música. Otra limitación de esta tecnología era la cantidad de música que los usuarios podían llevar consigo, ya que un *CD* tradicional podía contener poco más de una veintena de canciones. Finalmente, el precio de adquisición de los *CDs* y la fragilidad del formato (se rayaban fácilmente ocasionando problemas de reproducción) eran otros de los factores negativos de esta tecnología.

Napster y similares: Napster tuvo su boom entre 1999 y 2001. Fue la primera red *Peer-to-Peer* –*P2P*– que permitía a usuarios en Internet compartir música entre ellos de forma gratuita. De esta forma, los consumidores obtenían música sin pagar que podían reproducir en sus *PCs*, grabar en *CDs* o reproducir en *MP3* portátiles.

Dada la tecnología utilizada, eran los usuarios quienes tenían el control de lo que se hacía con la tecnología. Debido a ello, controlar aspectos como la lentitud de descarga de la música, los archivos en circulación, y en general, el uso que hacían los usuarios de este tipo de plataformas era demasiado complejo.

Aunque la calidad de las canciones no estaba siempre asegurada, los usuarios corrían el riesgo de descargar *malware* o la experiencia de usuario era limitada en general, el obtener música gratis resultaba mucho más atractivo para el público.

El problema de Napster no fue en absoluto de aceptación en el mercado. La compañía tenía para 2001 más de 26 millones de usuarios, que hacían la vista gorda ante las limitaciones de la tecnología a cambio del acceso gratuito e ilimitado a la música. El problema de Napter fue su relación con la industria musical. La compañía fue demandada por varias empresas discográficas debido a que compartiendo música gratis se violaban los derechos de autor. Napster perdió en los tribunales americanos y tuvo que pagar grandes indemnizaciones por daños y perjuicios, además de tener que apagar sus servidores. Durante esta etapa, vieron la luz otros proyectos *P2P* bastante conocidos como Ares, Kazaa o Emule.

Reproductores *MP3*: salieron al mercado sobre 1999 y se hicieron bastante populares dentro de cierto tipo de usuarios, sobre todo los más jóvenes, ya que, por fin, la diferencia para el usuario entre el reproductor y el soporte (medio utilizado para almacenar la música), había dejado de existir. El tamaño de estos dispositivos aumentaba las ventajas en materia de portabilidad. Sin embargo, la capacidad de almacenamiento con la que estos dispositivos salieron al mercado era realmente baja, y sólo permitía a los usuarios contar con unas pocas horas de música. Además, su uso no resultaba sencillo para todos los públicos. Si tenías un *MP3* tenías que aprender a usar cosas como Ares o Kazaa, usar horribles interfaces que venían con estos dispositivos, arrastrar y soltar música entre carpetas, etc. Para muchos usuarios, la experiencia de usuario de poner un *CD* dentro de un Discman y darle al *play*, iba años luz por delante de todo lo que había que saber para poder disponer de unas pocas canciones en un *MP3* portátil. Razones como estas, hacían que los *MP3* siguieran sólo llegando a *Early Adopters* (compradores a los que les gusta asumir riesgos y que suelen ser los primeros en adquirir nuevas tecnologías).

Además, este tipo de reproductores se veía directamente afectado por los problemas de plataformas como Napster que eran la principal vía para adquirir acceso a una mayor cantidad de música.

Resumiendo nuestro análisis del mercado de los reproductores de música entre 2001 y 2003:

WALKMAN	
Ventajas	• Facilidad para copiar música. • Permitía la portabilidad de la música.
Desventajas	• Calidad pobre de la música. • Gran tamaño del dispositivo. • Generaba dificultades a la industria para explotar económicamente el mercado.
DISCMAN	
Ventajas	• Facilidad para copiar música. • Permitía la portabilidad de la música. • Se mejoraba sustancialmente la calidad de la música.
Desventajas	• Portabilidad limitada por tamaño del dispositivo. • El número de canciones que cabían en un *CD* era reducido. • Los usuarios tenían que pagar por el álbum completo, aunque lo único que les gustase fuese un par de canciones.

NAPSTER	
Ventajas	• Gratuidad de la música. • Facilidad para copiar música.
Desventajas	• Calidad limitada de la música.

MP3	
Ventajas	• El soporte de la música y el reproductor dejan de ser dos cosas diferentes, lo que aumenta considerablemente la portabilidad. • El tamaño del dispositivo reproductor se reduce considerablemente. • Mayor número de canciones que en un *CD*.
Desventajas	• Difícil de usar para usuarios de perfiles menos tecnológicos. • Cantidad aún limitada de canciones. • Dificultades indirectas que experimentaban porque así lo hacían industrias cercanas.

Ya hemos definido el estado actual del mercado entre los años 2001 y 2003. Recordad que vosotros tenéis que hacer esta tarea de análisis con la situación actual de vuestro mercado.

A continuación, lo que vamos a hacer es identificar las variables que determinan la competencia en este mercado.

Según el análisis que hemos hecho, podemos decir que la competencia en la industria de la música para aquel entonces se basaba en los siguientes aspectos:

- **Tamaño del dispositivo:** influye en la capacidad de que los usuarios lleven consigo su música. Incluye aspectos como el tamaño del dispositivo reproductor y el soporte de almacenamiento de la música.

- **Calidad de la música:** se trata de la calidad del audio de las canciones que los usuarios escuchan.

- **Horas de reproducción:** se refiere a la cantidad de música, en términos de número de canciones o de horas de reproducción que permite un dispositivo, sin tener que estar reemplazando el soporte que almacena la música (sin tener que cambiar de *CD* o de cinta, por ejemplo).

- **Acceso a la música:** limitaciones que los usuarios tienen a la hora de acceder a gran cantidad de música, gratuidad, etc.

- **Facilidades a la piratería:** este aspecto va a determinar la relación con la industria discográfica, ya que es clave en la monetización que permite a esta industria cooperar y coexistir con la industria de los reproductores.

- **Facilidad de uso:** que la tecnología sea amigable con los usuarios y no esté ligada a cierto tipo de perfiles de usuario "tecnológicos".

Una vez identifiquéis estas variables, como nosotras lo hemos hecho para el ejemplo de iPod, el siguiente paso es puntuar el desempeño de los competidores actuales en estos aspectos. Vamos a utilizar una escala de 1-10, donde 1 es el valor más bajo y 10 el más alto. [6]

	WALKMAN	DISCMAN	NAPSTER	*MP3*
PIRATERÍA	8	5	10	7
TAMAÑO DE LOS DISPOSITIVOS	8	10	0	3
FACILIDAD DE USO	8	8	4	4
CALIDAD DE LA MÚSICA	5	9	3	3
ACCESO A LA MÚSICA	5	2	8	8
HORAS DE REPRODUCCIÓN	4	4	8	6

---

6   En el caso de Facilidades a la Piratería, la calificación 10 se otorga a los dispositivos que más la favorecen. En el caso del tamaño, la calificación 10 se otorga a los dispositivos más grandes.

Si representásemos estas valoraciones en una gráfica, tendríamos el siguiente resultado:

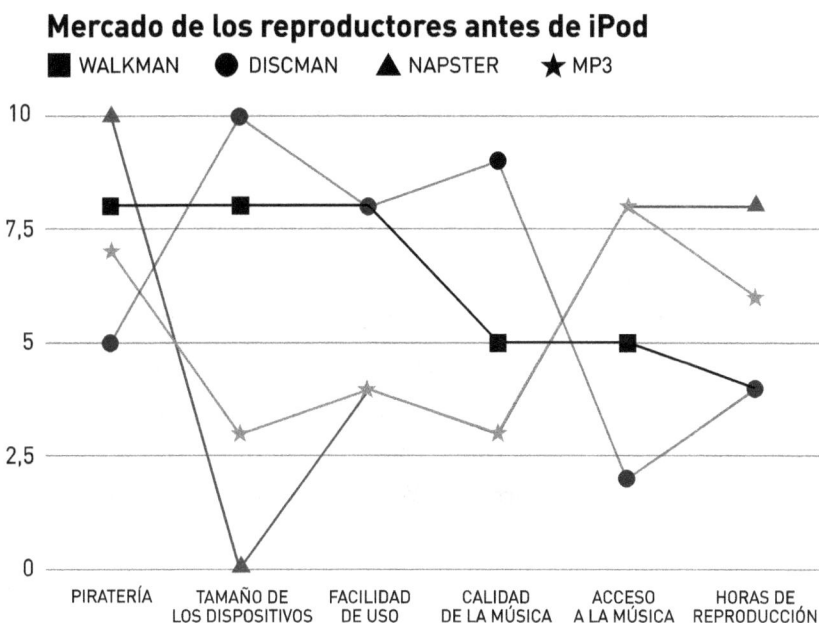

Mercado de los reproductores antes de iPod

■ WALKMAN   ● DISCMAN   ▲ NAPSTER   ★ MP3

Ilustración 1: Mercado de los reproductores antes de iPod.

Si os fijáis bien, la gráfica es una maraña en la que ninguna de las tecnologías llega a sobresalir claramente. Entrar a competir a este mercado por una sola de estas variables era complicado e insuficiente. Estamos claramente ante un Océano Rojo, en el que la competencia es sangrienta y los actores actuales ya pasan apuros por sobresalir y diferenciarse.

En el último trimestre de 2001, Apple presenta su nuevo producto, el iPod. El lema era: *"Más de 1.000 canciones en vuestro bolsillo"*. Lo que Steve Jobs presenta es un dispositivo blanco de diez centímetros de largo por aproximadamente seis de ancho y casi dos centímetros de profundidad. El dispositivo tenía una pantalla monocromática de dos pulgadas y unos controles en forma circular que permitían la navegación entre canciones. Claramente, Apple apostaba por reducir el tamaño de los reproductores y por aumentar las horas de reproducción del dispositivo.

Pero estos elementos no hubieran sido suficientes para sobresalir en un mercado como este. De hecho, las ventas de iPod en estos primeros años no alcanzaron para cubrir los costes generados en desarrollo de producto e investigación.

En 2003, sin embargo, Apple realiza un movimiento clave. En Abril de ese año, Apple lanza al mercado el iTunes Music Store con 200.000 canciones disponibles con calidad *CD*. Apple se aseguró de no cometer el mismo error que ya habían cometido otros en el mercado. iTunes se lanzó al mercado con el apoyo de los principales sellos discográficos del mercado: BMG, EMI Group, Sony, Universal Music Group, y Warner Brothers Records. Apple ofrecía a estas compañías una forma de comercializar la música de sus artistas de una forma nueva y, sobretodo, legal, que les iba a permitir obtener las esquivas ganancias por descargas de música que hasta el momento no conseguían controlar. Con este movimiento, de alguna forma, Apple elimina la preocupación de estos gigantes del mercado por el tema de la piratería.

Esa nueva forma de comercializar las canciones era sencilla: por fin, los usuarios podían comprar de un disco sólo las canciones que les gustaban y pagar por ellas menos de un dólar. Con este movimiento, Apple incrementa el acceso a la música por parte de los usuarios. Además, la forma de comprar música era tan simple como la idea de un clic, lo que hacía que por primera vez dentro del mercado legal, los usuarios sintieran una experiencia de compra cercana a lo que habían significado plataformas como Napster pero más fácil de usar.

Otro elemento clave de iTunes fue la introducción de la idea de la sincronización. iPod permitía a los usuarios sincronizar la música de sus equipos con su dispositivo iPod de forma automática, evitando el proceso de arrastrar y soltar carpetas o archivos individuales para aquellos usuarios que no tenían un perfil muy técnico. En diez segundos los usuarios podían tener la música de su *CD* favorito disponible en su iPod. Con todos estos movimientos, además del diseño del dispositivo, Apple aseguraba una experiencia de usuario caracterizada por la facilidad de uso.

Otro elemento clave en su estrategia sería la de posicionar el producto en la mente de los consumidores como un dispositivo con estilo, un dispositivo que hacía a los usuarios *"cool"*. Dicen los expertos que gran parte de la promoción de iPod se basó en el boca a boca, dejando que fueran los mismos usuarios quienes transmitieran a nuevos consumidores la imagen *"cool"* de iPod.

Vamos a poner toda esta información en los mismos términos de análisis del mercado que ya veníamos haciendo.

TÁCTICA	FACTOR DE COMPETENCIA
Eliminar	Preocupación por la piratería La forma en la que Apple plantea la comercialización de la música, prácticamente elimina la preocupación de la industria musical de no poder monetizar las descargas *online* de música. En este sentido, supera a otras tecnologías como el Walkman y, sobretodo, a plataformas de descarga *P2P*.
Reducir	Tamaño de los dispositivos iPod continúa con la tendencia del mercado de disminuir el tamaño de los dispositivos y aumentar la portabilidad de la música. Una de las banderas de iPod es la gran cantidad de canciones que puede albergar este dispositivo. Con este movimiento, iPod supera a otras tecnologías como el Walkman o el Discman.

Facilidad de Uso

El diseño del dispositivo y iTunes, permitieron una considerable mejoría a nivel de usabilidad. Estos cambios acercaron a todo tipo de usuarios el uso del dispositivo.

Calidad de la música

iPod consigue conciliar el modelo *online* con la calidad que se había alcanzado con la tecnología *CD*. De este modo, supera a tecnologías como el Walkman o Napster.

Incrementar

Acceso a la música

iPod consigue ofrecerle a los usuarios un acceso a la música similar al que había conseguido con Napster, superando a la tecnología *CD* y, sobretodo, ofreciendo un acceso legal a la música.

Horas de reproducción

iPod se suma a ofrecer la no separación entre el formato de almacenamiento y el reproductor, pero incrementando la cantidad de canciones que hasta la fecha era capaz de albergar un reproductor de este tipo. Además, con una batería que permitía diez horas de independencia de reproducción.

Sincronización

iPod cambia el concepto de "arrastrar carpetas o canciones" por el concepto de sincronización de la música del equipo del usuario con el iPod.

Pago por canción

Crear

iTunes crea un nuevo modelo de comercialización de la música. Los usuarios pueden pagar sólo por las canciones que les gustan, sin verse obligados a pagar por el álbum completo.

Factor *"Cool"*

Apple posiciona su producto de forma diferente. Mientras que los reproductores de *MP3* posicionan sus productos hablando de rapidez, hardware o software, iPod se posiciona como un estilo de vida.

Si incorporamos iPod a nuestra matriz de puntuación de los competidores del mercado musical, tendremos:

	WALKMAN	DISCMAN	NAPSTER	*MP3*	iPod
PIRATERÍA	8	5	10	7	1
TAMAÑO	8	10	0	3	2
FACILIDAD DE USO	8	8	4	4	8
CALIDAD	5	9	3	3	9
ACCESO	5	2	8	8	8
HORAS DE REPRODUCCIÓN	4	4	8	6	9
SINCRONIZACIÓN					9
PAGO POR CANCIÓN					9
FACTOR *"COOL"*					9

Si trasladamos estas valoraciones a una curva de valor, obtendremos:

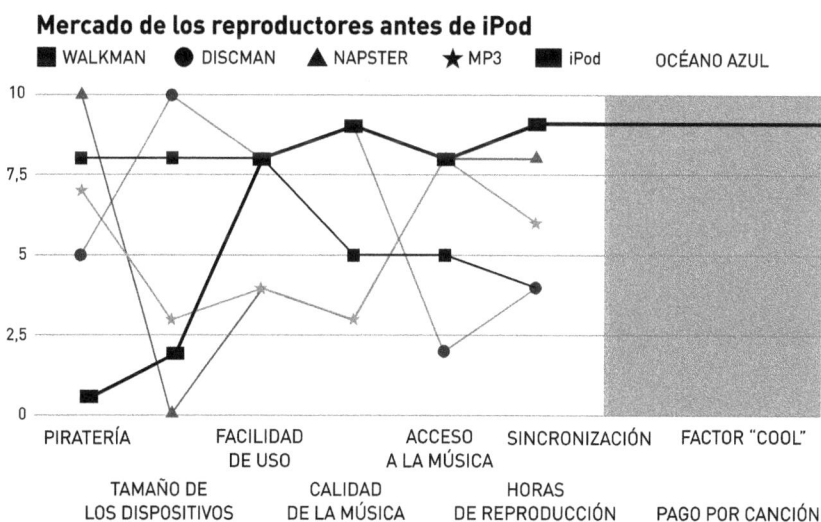

Ilustración 2: Curva de valor de iPod.

Como veis, iPod introduce nuevas variables de competencia en este mercado. Estas variables aportan un valor que nadie más está aportando, es decir, crean un Océano Azul. Encontrar su Océano Azul sitúa a iPod a otro nivel que el de sus competidores y le permite en 2003 vender 2 millones de dispositivos.

Adicionalmente a la creación de nuevas variables, Apple hace movimientos tácticos con respecto a las variables actuales de competencia en el mercado de aquel entonces. Reduce y elimina algunas variables al tiempo que incrementa otras.

¿Cómo determinar vuestra competencia?

Lo primero en lo que tenéis que pensar cuando defináis a vuestra competencia es que vuestro cliente no compra casas, cosas, software, aparatos, comida, servicios. Vuestro cliente compra soluciones a sus problemas. Esto es clave porque a veces buscáis entre vuestros competidores sólo a aquellos que hacen exactamente lo mismo que vosotros hacéis. En ese escenario, nosotros, los que venimos de las *startups*, nos damos una palmadita en la espalda y nos acostamos tranquilos por las noches porque nadie está haciendo exactamente las cosas que nosotros estamos haciendo. La mala noticia es que esto a vuestro cliente le puede dar exactamente igual. Pensad en el caso de los reproductores de música. El consumidor tenía -sólo en el análisis de la competencia que hemos hecho- cuatro tipos de productos diferentes con los cuales podía escuchar música de forma portátil. Es decir, aunque los competidores no estaban todos dentro de la misma categoría de productos, resolvían la misma necesidad del usuario (poder escuchar música en cualquier lugar). Así que, si hay otro producto que puede solucionar la necesidad de vuestro cliente -aunque no esté en vuestro mismo sector, vuestro mismo nicho o haga lo mismo que vosotros hacéis-, a ojos de vuestro cliente es vuestro competidor.

En el caso de que vuestro producto no encaje en una categoría bien definida pre-existente en el mercado o que hayáis encontrado un maravilloso Océano Azul, existen técnicas para definir a vuestra competencia. Uno de nuestros métodos favoritos es el propuesto por Steve Blank: El Diagrama Pétalo[7].

El Diagrama Pétalo

Aunque Blank lo llama el Diagrama Pétalo, el diagrama se asemeja mucho a la forma de un átomo. El centro del diagrama o núcleo de la figura es el lugar en el que se ubicará vuestro producto, ya que estáis creando una nueva categoría de producto.

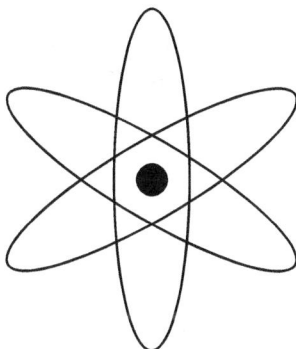

Ilustración 3: Forma del Diagrama Pétalo.

Pero el secreto del Diagrama Pétalo es definir los mercados adyacentes a vuestro producto. Es decir, los pétalos del diagrama o la estela de rotación de las partículas que componen el átomo. El significado de los pétalos son aquellos mercados cercanos de los que vuestros clientes podrían venir. En otras palabras, aquellos mercados que solucionan de otra forma las mismas necesidades que soluciona vuestro producto o que resuelven necesidades bastante relacionadas con las que vosotros resolvéis. Lo importante es que de estos mercados adyacentes, pueden

7   Blank, Steve. A New Way To Look At Competitors. Steve Blank Blog. http://steveblank.com/2013/11/08/a-new-way-to-look-at-competitors/

venir clientes para vuestro producto. Por ejemplo, vamos a imaginar que nuestra *startup* ha creado una aplicación *online* para el trabajo con documentos.

En relación al trabajo con documentos, podemos pensar en diversos mercados adyacentes:

MERCADO	DESCRIPCIÓN
Intercambio de archivos *(File-Sharing/File Sync)*	Aplicaciones que permiten compartir documentos y sincronizar éstos con Escritorios locales.
Edición *online* de documentos *(Online Office Suites)*	Aplicaciones que permiten crear y editar de forma colaborativa y simultánea documentos *online*.
Gestión Documental *Cloud (Cloud Document Management)*	Aplicaciones que cubren el almacenamiento y la gestión de documentos desde una perspectiva empresarial en la que priman aspectos como la seguridad de la información.
Firma *Online* de documentos *(Online Digital Signature)*	Aplicaciones que permiten la firma *online* de documentos.
Intercambio de archivos ultra seguro *(Ultra Secure File-Sharing)*	Aplicaciones que permiten compartir documentos pero que se centran en la seguridad y trazabilidad de estas operaciones.

Cada uno de estos mercados se convertirá en un pétalo de vuestro diagrama. Debéis tratar de buscar los mercados que son más significativos para vosotros, o lo que es lo mismo, aquellos que son más susceptibles de traeros o quitaros clientes. También debéis tener en cuenta que estar en el centro significa que tenéis cierto grado de confluencia con estos otros mercados. Según nuestra forma de ver, la confluencia puede ser, por ejemplo:

- Que ofrezcáis servicios o productos complementarios a estos mercados.
- Que vuestro producto pueda reemplazar al suyo (o viceversa) de forma parcial o total.

Una vez identifiquéis cuáles son esos mercados con los que confluís, podéis pintarlos en vuestro Diagrama Pétalo como nosotras hacemos en nuestro ejemplo.

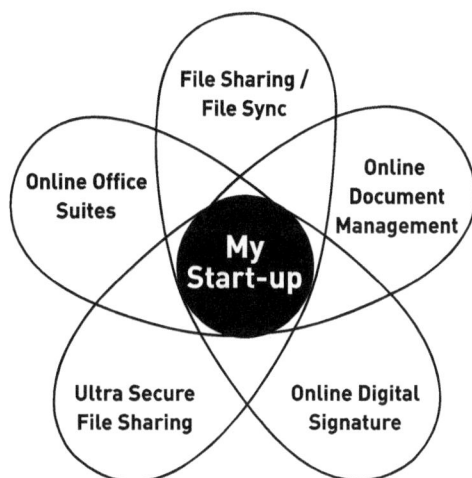

Ilustración 4: Mercados adyacentes para aplicación *online* **de trabajo con documentos.**

Una vez identificados los mercados, lo siguiente que debemos hacer es identificar los principales actores en dichos mercados. ¿Quiénes son las empresas o productos referencia en estos mercados? Pero además de estos, que van a ser los más fáciles de encontrar, tenemos que buscar a otros que puedan estar en circunstancias parecidas a las nuestras, por ejemplo: otra *startup*. ¿Cómo buscar a los *players* pequeñitos? Bueno, por suerte existe Internet y los directorios de *startups*. Por ejemplo, si nos vamos a AngelList[8], una web creada para que las *startups* encuentren inversores, y ponemos la palabra *"documents"*, obtendremos un

---

8   https://angel.co/

montón de *startups* que podrían ser incluidas en alguno de los pétalos del gráfico de ejemplo que os presentamos.

El último paso será rellenar vuestros pétalos con todas las empresas que creáis que pueden encajar en los pétalos de vuestro diagrama.

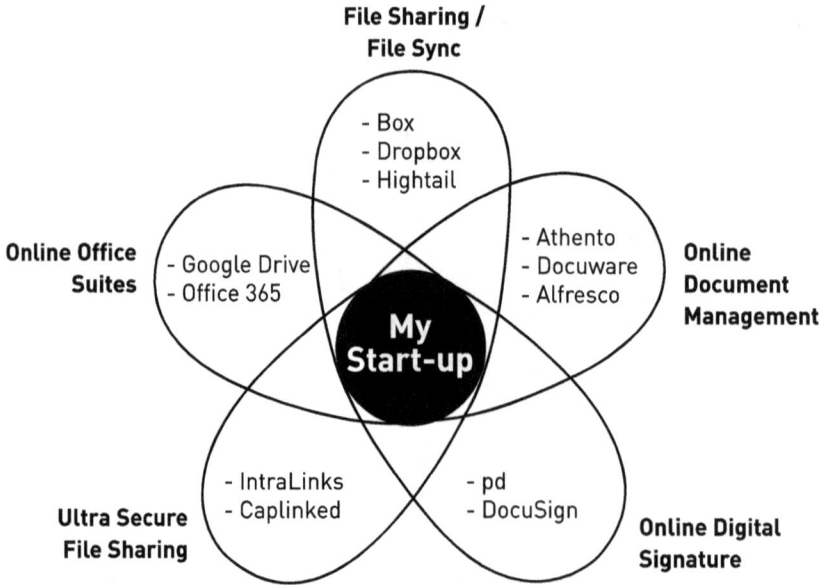

Ilustración 5: Competidores para aplicación *online* de trabajo con documentos.

The Golden Circle

Además de los Océanos Azules, otra herramienta notable para definir vuestro valor y vuestra diferencia de producto es el Circulo Dorado. Según esta teoría, lo que determina los grandes productos no es lo que hacen, es la razón por la que lo hacen. [9]

9   http://www.ted.com/talks/simon_sinek_how_great_leaders_inspire_action

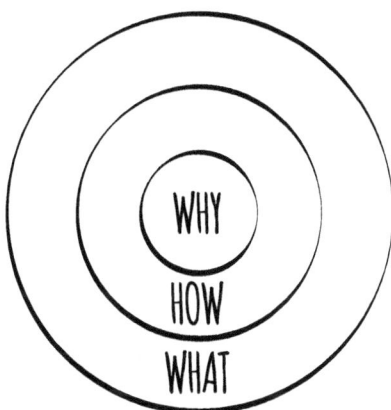

Why = The Purpose

What is your cause? What do you believe?

Apple: we believe in challenging the status quo and doing this differently.

How = The Process

Specific actions taken to realize the Why.

Apple : Our products are beautifully designed and easy to use.

What = The Result

What do you do? The result of Why. Proof.

Apple: We make computers.

Ilustración 6: Círculo Dorado de Apple.

La mayoría de empresas, sin embargo, se centran más en el *WHAT* (el QUÉ) a la hora de definir sus negocios. Todo su mensaje, su desarrollo de producto, la selección de su competencia, etc. está orientado más a dar respuesta a un *WHAT* que a un *WHY* (el POR QUÉ). Estas son las empresas que venden casas, cosas, software, aparatos, comida, servicios. Las empresas que diseñan, desarrollan y respiran desde el *WHY*, venden estilos, sensaciones, ideas, inspiración.

De hecho, según Simon Sinek, el creador de esta teoría, la mayoría de las empresas trabajan su Círculo Dorado de fuera hacia adentro. Y es que es lo más fácil, sobre todo cuando hacéis ejercicios de definir lo que vendéis, como los que habéis estado haciendo en este libro. Lo primero que se os viene a la cabeza cuando os preguntan qué vendéis, es pensar en la categoría más global que engloba a vuestro producto o servicio: casas, cosas, software, aparatos, comida, servicios. Eso es el *WHAT*.

Si os obligáis a pensar un poco más en profundidad y tratáis de responder a por qué vuestros clientes deberían compraros a vosotros y no a vuestra competencia, ya comenzáis a pisar el terreno del *HOW* (el CÓMO). Decís: es que nosotros hacemos esto o aquello diferente. Nuestras pizzas están hechas con la auténtica receta de las abuelas del sur de Italia. Nuestras casas están en una ubicación inmejorable. Nuestra consultoría se brinda con un método *Agile*. Nuestro software es mundialmente conocido por su estabilidad y robustez.

En este punto, ya habéis avanzado un poco y habéis aportado a vuestro posible cliente un argumento razonable que justifique su decisión de compra. Pero, vendáis en mercados *B2C* o *B2B*, vendáis productos de consumo o para empresas, las decisiones de compra siempre van a ser tomadas por personas, y las personas, somos emocionales. No siempre nos movemos guiados por la razón. Algunas veces lo hacemos por instinto, por afinidad, por capricho o por pasión. El *Homo Economicus* es una falacia, de lo contrario, tendríamos sólo un cuarto de las pertenencias que tenemos y desaparecerían mercados como los de los bienes de lujo. Todavía nuestra amígdala ejerce un poder considerable sobre nuestras decisiones.

Si queréis llegar a ese consumidor primigenio que habita en vuestro cliente para moverlo a la acción, necesitáis encontrar vuestro *WHY*. La idea que os impulsa a hacer lo que hacéis como lo hacéis. ¿Cuál es vuestra visión? ¿Cuál es el manifiesto detrás de vuestro servicio o producto?

El reto es encontrar vuestro *WHY*. Si no os basta con la explicación del *Golden Circle* que hemos hecho, aquí os va el ejemplo de Wild Wind Marketing:

Why	¿Recordáis cuando en el primer capítulo presentamos a nuestra empresa? Dijimos: "Nuestra empresa se llama Wild Wind Marketing y su visión es ayudar a las empresas a cambiar sus realidades mediante el Marketing Digital." Creemos en que efectivamente el Marketing puede ayudar a las *startups* a revolucionar sus mercados, a vender más y a vender mejor. Somos *Marketing Believers*.
How	Hacemos consultoría *online* con metodologías *Agile*. Nuestros procesos son claros y transparentes desde el primer momento y nuestro servicio se basa en entregas rápidas y puntuales que ayuden a nuestros clientes a cumplir sus objetivos de lanzamiento de producto. Nuestro *expertise* es de vanguardia y está orientado siempre a ofrecer herramientas que el cliente puede utilizar dentro de su contexto y de forma autónoma.
What	Aconsejamos en entornos virtuales a empresas en estados incipientes que quieren incursionar en el mercado. Especialmente a *startups* tecnológicas que quieren lanzar productos y que quieren usar una estrategia digital.

Ficha de la Propuesta de Valor

Muy bien, ya hemos aprendido a usar un par de herramientas que nos ayudarán a tener más claro qué es lo que hacemos y por qué un cliente debería gastarse su dinero en nosotros. Es hora de sintetizar un poco el método OPC[10] (Océanos – Pétalo – Círculo) y ponerlo todo en un único modelo que nos ayudará a recordar fácilmente los conceptos importantes y a transmitir el conocimiento de forma rápida.

Para ello os hemos preparado una ficha de Propuesta de Valor. Os vamos a dar un ejemplo con el caso de Wild Wind Marketing.

VALUE PROPOSITION

¿Qué problema o necesidad resuelve nuestro producto?

Poneos en el lugar del cliente.

Falta de experiencia o conocimiento de las *startups*, en la implantación de una estrategia de Ventas y Marketing Digital para el lanzamiento de un producto tecnológico.

¿Cuál es la idea detrás de nuestro producto?

Nuestro *WHY*.

Somos *Marketing Believers*. Creemos en el poder del Marketing Digital para convertir productos en vendavales que revolucionen mercados y cambiar la realidad de las *startups*.

---

10   Término acuñado por Wild Wind Marketing.

¿A quién o quiénes resuelve nuestro producto esta necesidad?

¿A quién le resulta de utilidad lo que ofrecéis?

A *startups* con base tecnológica.

¿Qué hacen actualmente nuestros potenciales clientes para resolverlo?

Pensad en vuestro Diagrama Pétalo. Estos pueden ser vuestros mercados adyacentes, aquellos de los que podéis obtener clientes.

Leen blogs, libros, asisten a *webinars,* hacen cursos sobre Marketing Digital, siguen a gurús del sector, compran servicios de consultoría a otras empresas, se sitúan en Incubadoras de empresas que les asesoran.

¿Cuánto cuesta nuestro producto?

¿Cuál es el precio que habéis determinado para vuestro producto?

Entre 3.000 y 6.000 euros.

¿Qué variables de competencia elimina nuestro producto?

Pensad en vuestro Océano Azul. Ejemplo: iPod eliminaba la preocupación de las discográficas por la piratería. Estas son las características que no aportan a vuestro producto y por las cuales sabéis que no queréis competir.

Necesidad de presencia física y reuniones interminables que quitan tiempo a los equipos directivos de las *startups.*

¿Qué variables de competencia reduce nuestro producto?

Pensad en vuestro Océano Azul. Ejemplo: iPod reduce el tamaño. Son características de vuestro producto que no aportan demasiado a vuestro producto y cuya reducción pueda significar más un indicador de hacia dónde se dirige vuestro producto.

- Tiempo y costes derivados de métodos de auto aprendizaje o ensayo-error.

- Incertidumbre sobre los resultados de la consultoría, ya que el cliente sabe cuándo y qué vamos a entregarle. Así mismo, el cliente sabe que vamos a entregarle herramientas concretas sobre las cuales podrá poner en práctica el conocimiento adquirido.

¿Qué variables de competencia incrementa nuestro producto?

Pensad en vuestro Océano Azul. Ejemplo: iPod incrementa la facilidad de uso, la calidad de la música, etc. Estas son las características secundarias clave de vuestro producto. Probablemente, aquellas que de forma genérica se utilizarán para medir las prestaciones a nivel de una categoría de producto.

Especialización y *expertise*. Tenemos experiencia real y propia en el mundo de las *startups* tecnológicas por ello podemos especializarnos en esta audiencia.

¿Qué variables de competencia crea nuestro producto?

Pensad en vuestro Océano Azul. Ejemplo: iPod introduce la sincronización o el modelo de pago por canción. Estas son las características bandera de vuestro producto.

- Herramientas reales de ejecución de lo aprendido.

- Metodologías nuevas aplicadas a Marketing y Ventas. *Agile, Scrum, Inbound* Marketing, *Lead Management*, etc.

- Apoyo con contenidos. Materiales como este libro o el conocimiento difundido a través de nuestro blog, ayudan a las *startups* en su proceso de cambio.

Beneficios desde la óptica del cliente.

¿Por qué para nuestro cliente son importantes las variables nuevas que introducimos en el mercado?

- Un proceso de lanzamiento de producto tecnológico con menor incertidumbre y ejecutado en menos tiempo.

- Control sobre el proceso de consultoría ya que sabe qué esperar en cada momento.

- Medición de resultados: pueden ver el progreso hito a hito.

- Mayor flexibilidad.

- Menor consumo de tiempo.

- Garantía de entendimiento de la situación de la *startup*.

- Riqueza en los conocimientos transmitidos.
- Garantía de aplicación real del conocimiento adquirido.

¿Qué criterios tiene en cuenta el cliente a la hora de evaluar el éxito o fracaso de una determinada solución o producto?

¿Cómo podríais ayudar a vuestro cliente a cuantificar el beneficio de vuestro producto?

- Puntualidad en las entregas.
- Calidad y personalización del material recibido.
- Aceleración del proceso de lanzamiento.

¿Qué incrementaría la predisposición de un segmento a adoptar una solución?

¿Qué "plus" necesita el cliente para dar el paso y comprar?

- Referencias e historias de éxito.
- Conocimiento de nuestro trabajo a través de este libro o de nuestro blog www.wildwindmarketing.com.

Recomendaciones Concretas y Tareas

1. Revisar el concepto que tenéis sobre quiénes son vuestros competidores apoyándoos en vuestro propio Diagrama Pétalo.

2. Programar una reunión con las cabezas de vuestros departamentos de Dirección, Marketing, Ventas y Desarrollo de producto. En ella debéis construir vuestra curva de valor de Océanos Azules. Os recomendamos hacer esta reunión fuera del horario laboral.

3. Los emprendedores o directores debéis analizar si sabéis vuestro *WHY* y si ese *WHY* está siendo transmitido al equipo y al público en general.

PARTE3: FUNDANDO LOS CIMIENTOS DE VUESTRA ESTRATEGIA COMERCIAL

PARTE 3: Fundando los Cimientos de vuestra Estrategia Comercial

En este capítulo, nos vamos a detener en los casos de aquellas empresas que necesitan realizar una gestión comercial de sus clientes. Es decir, en la situación de aquellas compañías cuyas ventas no se pueden realizar sin la intervención de un equipo de Ventas.

Estas empresas no tienen por qué pertenecer a un mercado *B2B*, pero sus ventas se caracterizan porque requieren cierta cualificación del cliente antes de que éste lleve a cabo su proceso de compra. Si éste no es vuestro caso, y vuestros clientes compran por la web sin intermediación alguna, os recomendamos pasar al capítulo Arquitectura *Inbound*.

Por desgracia, organizar un departamento de Ventas es a veces una labor en la que todos nos vemos perdidos o superados. Los procesos de ventas son demasiado entrópicos y desorganizados, nunca hay tiempo suficiente y perdemos oportunidades.

Una adecuada gestión de las oportunidades generadas es clave para vuestro negocio, ya que sin ella, la inversión en Marketing no conseguirá materializarse en ventas. Buena parte de un tratamiento adecuado de Ventas es tener definido al detalle y con claridad los elementos de vuestra política comercial. En este capítulo se abordan puntos clave de dicha política.

Además, veremos los principales procedimientos para cimentar una estrategia de *Lead Management* en nuestra empresa.

Objetivos

Después de leer este capítulo, seréis capaces de...

- Definir vuestros propios procesos de gestión comercial.

- Implementar un sistema de *Lead Management*.

- Tener conciencia sobre las principales políticas comerciales que debéis definir.

3.1 Conceptos Básicos Comerciales

A grandes rasgos, la estrategia comercial de cualquier empresa consiste en los puntos que trataremos a continuación:

1. **Atraer a un prospecto de cliente:** buscamos que tenga conciencia de nuestra existencia entre un conjunto de productos o servicios que pueden solucionar su necesidad.

2. **Convertir el prospecto en un nuevo cliente:** vuestro objetivo es conseguir que de entre ese conjunto de soluciones, os escoja a vosotros.

Vuestro proceso puede ser más largo o intensivo dependiendo de si os movéis en un mercado *B2B*. Aunque incluso dentro de los mercados en los que se vende al consumidor final, existen productos cuya compra requiere una evaluación previa del producto por parte del cliente, lo que ocasiona que la duración de estas fases sea más larga y el proceso más complejo.

Por ejemplo, para quienes venden bebidas refrescantes, el proceso puede ser sólo atraer y captar. Pero para una empresa que vende planes de pensiones, seguros dentales o cámaras profesionales de fotografía, este proceso se complica, ya que existe una demanda de información por parte del cliente que hay que proveer antes de la compra. Este último caso es el mismo caso de las empresas que venden a otras empresas.

Dicha necesidad de información, ocasiona que aparezcan dos fases extras intermedias entre la atracción y la conversión:

1. **Atraer a un prospecto de cliente:** buscamos que tenga conciencia de nuestra existencia entre un conjunto de productos o servicios que pueden solucionar su necesidad.

2. **Nutrir al cliente:** darle la información que necesita para que se decida por vuestra solución.

3. **Acompañarle y apoyarle en el proceso de venta:** ofrecer al cliente el soporte necesario para que la venta se convierta en una realidad.

4. **Convertir el prospecto en un nuevo cliente:** vuestro objetivo es conseguir que de entre ese conjunto de soluciones, os escoja a vosotros.

Para que estas cuatro etapas cumplan su cometido, es preciso que previamente el departamento comercial, el departamento de Marketing, el departamento de producción y, en general, todo el equipo de la empresa haya:

1. Entendido la necesidad del cliente.

2. Trabajado para:

    a) Saber resolver las particularidades de la necesidad del cliente.

    b) Hacer que el cliente sepa que conocemos su necesidad y que sabemos cómo resolverla.

    c) Desarrollar un producto efectivamente capaz de resolver dicha necesidad.

Esto significa tener conceptos claros a todos los niveles de la empresa. Estos conceptos los hemos venido trabajando de forma continuada durante los dos capítulos anteriores.

Lo que vamos a ver en este capítulo está directamente relacionado con la actividad comercial y, en buena medida, del nivel de interiorización que de estas ideas tenga el equipo de ventas, va a depender el éxito de las operaciones comerciales.

Lo primero que vamos a hacer es explorar el proceso de ventas, para comprender sus fases y que sepáis cuál debe ser vuestra labor en cada una de ellas. Seguido, intentaremos daros ejemplos de cómo definir los procedimientos que deben llevarse a cabo en cada una de estas fases. También intentaremos daros herramientas que ayuden a hacer más eficientes vuestros procesos de ventas, explicaremos los perfiles que pueden conformar vuestro equipo comercial y los recursos que éstos van a necesitar.

Al final del capítulo nos centraremos en daros una pequeña introducción a la definición de aquellas políticas que son claves para el buen funcionamiento de un área comercial.

3.2 Gestión de Ventas

Antes de seguir avanzando, recordad que este libro está escrito para empresas que pretenden poner en práctica una estrategia digital de Marketing y Ventas. Gran parte de su negocio viene de la web.

Además, hemos dicho en apartados anteriores, que en este capítulo nos vamos a centrar en los procesos de venta de aquellas empresas que se caracterizan porque su posible cliente debe satisfacer una necesidad de información antes de realizar la compra.

En este escenario, el *Lead Management* se torna fundamental para la buena gestión comercial. Antes de entrar en materia, vamos a hacer una pequeña introducción a él.

3.2.1 *Lead Management*

Un *lead* es una persona que muestra cierto interés hacia aquello que vendéis y que puede iniciar un proceso de compra. Es un posible cliente.

Partiendo de esta base, tenemos que saber que vamos a recabar información sobre nuestros potenciales clientes para saber si realmente lo son, qué les interesa e introducirlos en nuestro proceso de ventas, o no.

Un proceso de Gestión de *Leads* o *Lead Management*, suele seguir principalmente los siguientes pasos:

Generación de *leads* – *Lead Generation*- : realizar una serie de campañas de Marketing o Ventas para atraer personas (visitantes) hacia vuestra página web -o blog-, acudir a un evento a buscar posibles compradores, etc. Aquí el objetivo es conseguir el acceso a esos posibles compradores. Cuando hablamos del acceso, hablamos de conseguir su permiso para entablar una relación con él, y los datos que necesitáis para contactarle (e-mail, teléfono, nombre, etc.), así como información que os indique si realmente estáis o no frente a un posible comprador.

Si sois una empresa con una buena estrategia digital, muchos de esos *leads* van a llegar a través de vuestra web. Para ello, habréis creado formularios de contacto y consulta, y generado contenido sobre vuestro producto o sector, para despertar el interés de esas personas y que os dejen sus datos convirtiéndose en *leads*.

Nutrición del *leads* – Lead Nurturing- : la nutrición de *leads* es el proceso mediante el cual hacéis llegar a los *leads* la información que necesitan para tomar una decisión sobre vuestro producto. Es un proceso educativo en el que simplemente, aportáis contenido al *lead* para que de forma autónoma decida si quiere dar un paso adelante en su relación con vosotros.

Nutrís a vuestros *leads* con información a través de *posts* en vuestros blogs, información en vuestra web, *brochures*, *e-books*, infografías y, tal vez la herramienta más importante, *E-mail Marketing*. Como veréis en el capítulo que nosotras denominamos Arquitectura *Inbound*, estos contenidos tendrán que ser dosificados de acuerdo a la fase de compra en la que se encuentre el *lead*.

Durante el proceso de nutrición de *leads*, aprovecharéis también para estudiar las características implícitas (su comportamiento), así como sus características explícitas (su demografía) para evaluar si este *lead* está listo o no para ser atendido por vuestro personal de ventas o si realmente estáis frente a un posible comprador real.

Distribución de *leads* –Lead Distribution- : hasta este momento, las tareas desarrolladas para ejecutar la generación y la nutrición de *leads* son llevadas a cabo en su mayor parte por el equipo de

Marketing. A continuación, y después de haber analizado la información que tenéis de vuestros *leads*, llega el momento de que estos sean atendidos por nuestro equipo comercial. En este momento tomaréis la decisión sobre quién debe atenderle. A partir de que el *lead* pasa a ser trabajado directamente por un comercial, se convierte en una Oportunidad.

Trabajo de ventas: una vez que determináis que el *lead* constituye un serio candidato a compraros o lo que es lo mismo, una Oportunidad, entra en escena vuestro equipo comercial, con el único objetivo de hacer realidad la venta.

Para montar un sistema de *Lead Management* es necesario que tengáis algún mecanismo para almacenar información sobre vuestros *leads*. Ya sea una base de datos, software *CRM –Customer Relationship Management-*, o software de Automatización del Marketing *–Marketing Automation Software-*.

Una vez explicados los conceptos fundamentales sobre *Lead Management*, vamos a entrar en materia sobre cómo operar a través de todo este proceso.

3.2.2 Fases de Venta

En este apartado, vamos a ir desgranando las distintas fases por las que pasan las personas que quieren comprar vuestro producto o servicio y su relación con vuestros recursos (de Ventas, de Marketing, etc.). Vamos a comenzar este proceso de revisión de las fases desde una visión de pájaro, para ir poco a poco internándonos en más detalles sobre los hechos que tienen lugar durante el proceso de compra.

Customer Decision Process o Ciclo de Venta

La forma más generalista de ver el proceso de compra, es a través de lo que se conoce como el Ciclo de Venta. Este ciclo, también conocido como *Customer Decision Process*, se divide en 3 grandes fases:

CONCIENCIA ▶▶ **EVALUACIÓN** ▶▶ **COMPRA**

Ilustración 7: Diagrama Proceso de Compra.

1. **Conciencia –*Awareness-:*** las personas toman consciencia de la existencia de una necesidad o deseo. La identificación de esta necesidad les lleva a hacer una investigación de cómo pueden satisfacerla. Vuestra empresa, por supuesto, debe aparecer entre las opciones que tiene el posible cliente para dar respuesta a su necesidad. Para que podáis aparecer en escena, existen varios canales o medios.

   • **Canal Directo *Online*:** En este caso, es el propio *lead* el que asume la responsabilidad de darse cuenta del problema, encontrar lo que necesita, de ver cómo solucionar su problema. La Arquitectura *Inbound*, que veremos en el capítulo 4, será una de las formas que tendréis para llegar a él en esta fase o incluso antes de ella.

   • **Canal Indirecto *(partners)* o canal directo tradicional (puerta fría):** en este caso, son los *partners* o nuestro personal de Ventas los encargados de ir y buscar a este *lead* para contarle que tiene un problema o, al menos, una oportunidad de mejorar. Por supuesto, también le cuenta que con lo que vendéis el *lead* podrá solucionar su problema o aprovechar la oportunidad de mejora. Este canal se apoya en la *Arquitectura Inbound de contenidos*, pero de manera secundaria. Aquí lo que cuenta es el contacto directo con el cliente y la capacidad de convencerlo de que tiene un problema o una oportunidad.

- **Mix:** el *lead* lleva a cabo un proceso inicial de darse cuenta de su problema y de identificar posibles aliados para resolver su problema, pero no quiere hacer demasiadas investigaciones por su cuenta. Quiere que alguien vaya a verle y que le explique todo lo que necesita saber. Esta situación es muy común en algunos mercados, por ejemplo, México. Aquí ya empieza a intervenir el canal indirecto o uno de nuestros comerciales.

2. **Evaluación –*Evaluation*-:** en esta fase, el *lead* está convencido de su problema y ya tiene unos cuantos candidatos para solucionarlo. Ahora necesita darse cuenta de por qué uno le conviene más que los otros. Es en este momento del proceso de compra, es cuando la mayoría de los *leads* deciden buscar ayuda. Os escribirán para que alguien los contacte, os dejarán sus teléfonos y empezarán a consumir información más detallada sobre el producto y sus ventajas. Si ya hay un *partner* o un comercial de por medio, su tarea será averiguar quiénes son los candidatos del posible cliente y explicarle qué tiene vuestro producto que le hace una mejor opción (nuestro Océano Azul). En esta fase, normalmente, lo que ocurrirá será que el *lead* os pida una demostración y una propuesta económica. Estará buscando elementos de juicio para continuar o dejaros en el camino.

3. **Compra –*Purchase*-:** en esta fase crítica vuestro objetivo es cerrar el proceso comercial y conseguir esa venta. Para

ello, vais a necesitar saber quién o quiénes van a decidir realmente sobre la compra, los riesgos del proyecto o venta, y cuál es la solución a la que quienes toman la decisión no podrán resistirse porque saben que va a ser una relación *win-win* (ganar-ganar).

Como veis, en este proceso de compra, son varios los actores que van a interactuar. Para resumir un poco el aspecto de las responsabilidades de los actores en cada fase del Ciclo de Venta, podéis fijaros en el siguiente esquema:

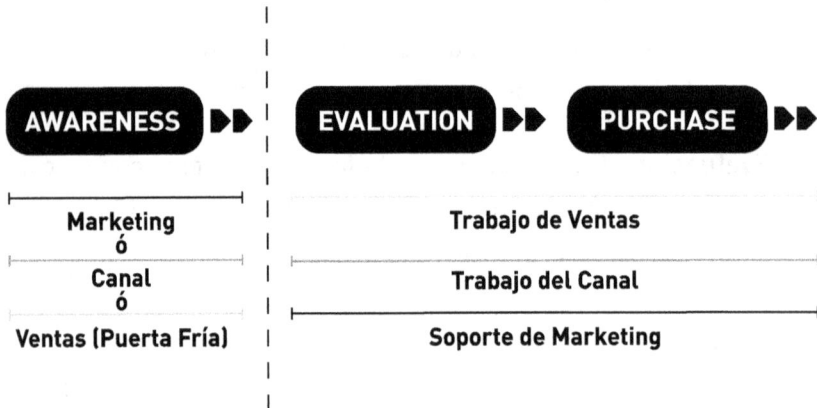

Ilustración 8: Responsabilidades en cada fase del Ciclo de Venta.

Vemos que las responsabilidades en la fase de *Awareness* o Conciencia son fundamentalmente de Marketing cuando nos referimos a ventas generadas a través del canal directo *online*, o del *partner* (Canal) cuando es él quien genera la oportunidad o de nuestro equipo de Ventas cuando generamos oportunidades a puerta fría. Sin embargo, en las fases de Evaluación y Compra, el trabajo es netamente comercial (ya sea del *partner* o de nuestro equipo), con el soporte de un proceso de nutrición de Marketing.

En el próximo capítulo veremos cómo sacar el mayor provecho posible a la fase de Conciencia. En este capítulo hemos de centrarnos en aquellas fases que requieren mayor intervención comercial.

Fase Tardía de Evaluación y *BANT*

Es clave, cuando tenemos un equipo pequeño de Ventas -como es el caso de la mayoría de *startups*- determinar en qué punto empieza la inversión comercial. Es decir, cuándo se entra en las fases de Evaluación y Compra. Las empresas tienen que afinar muy bien este punto, ya que se trata de inmiscuir al equipo comercial cuando el *lead* realmente esté listo para ser atendido (cuando esté evaluando).

Esto, sin embargo, no es tan importante cuando las oportunidades las genera el *partner*, dado que son sus propios recursos comerciales los que se utilizan. Probablemente, en el caso de estas oportunidades, nos pedirán apoyo sólo en la fase de Compra, siempre y cuando tengamos la Arquitectura *Inbound* adecuada como para que el *partner* pueda ser autosuficiente.

En cuanto a las oportunidades creadas por vuestro propio equipo de Ventas, suele ser un proceso con más inversión en recursos comerciales, dado que el comercial acompaña al cliente de principio a fin. Lo ideal es que las oportunidades generadas a puerta fría sean menores en número que las generadas por el canal *online* directo. Este tipo de oportunidades también son óptimas para ser manejadas por el canal.

3.2.3 Instrucciones

Ahora bien, ¿cómo determinamos que el *lead* está en fase de Evaluación y que debemos invertir esfuerzo comercial en él? Un método universalmente aceptado es el del *BANT*.

BUDGET	Do they have the ability to spend?
AUTHORITY	Do we know who the decision maker is?
NEED	Does the prospect have an urgent business problem and pain to address?
TIMING	Do we know a timeframe in which they will need a solution?

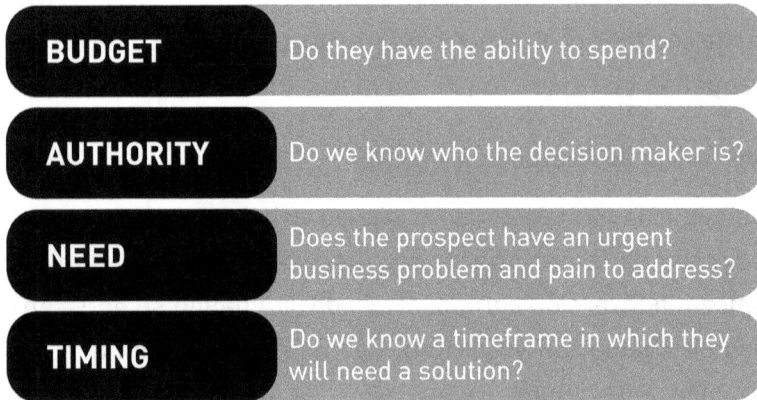

Ilustración 9: método *BANT*.

A continuación, os explicaremos los elementos que componen el *BANT* y cómo podréis establecer una forma de valorar los *leads* para cada uno de estos elementos, de modo que consigáis tener una forma objetiva de decidir si debéis o no invertir tiempo comercial en el *lead*.

BANT

Presupuesto –*Budget*-: es el rango de dinero que el cliente está dispuesto a gastarse en un producto como el vuestro. Cuando un *lead* no tiene este rango en mente, es bastante probable que el *lead* no esté aún en fase de Evaluación o, que tal vez, no sea la persona con la que deberíais estar hablando. Rara vez, tendréis un número preciso cuando empecéis a trabajar una oportunidad, pero lo importante es saber que os movéis en el mismo rango que vuestro cliente, de modo que no perdáis el tiempo. Mientras el rango de precios que esperéis cobrar por vuestro producto coincida con el que el cliente está dispuesto a pagar, tendréis luz verde para sentaros juntos a hacer negocios. En cualquier otra circunstancia, habrá que detenerse y plantearse si de verdad hay alguna posibilidad de hacer negocios conjuntamente. Por otro lado, otro punto a tener en cuenta aquí es la misma existencia de ese rango. Es trabajo del comercial averiguar si existe y cuál es dicho rango.

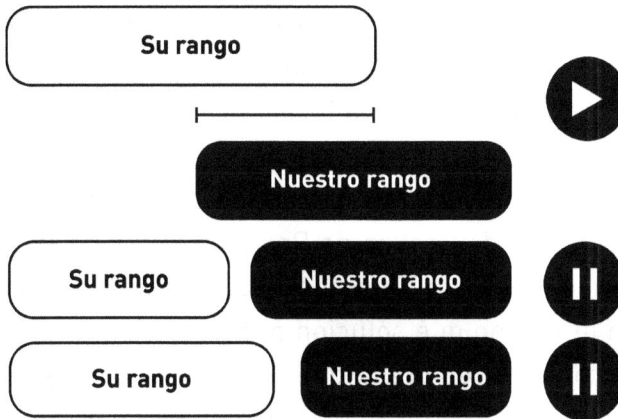

Ilustración 10: Vuestro rango de precios frente al rango de presupuesto del cliente[11].

¿Cómo definir vuestro criterio aceptable de Presupuesto?

Vuestro rango de presupuesto ha de estar definido por dos elementos: la política de precios y la política de descuentos. Los precios oficiales nos dicen el límite superior y la política de descuentos el límite inferior de nuestro rango.

11   Let's Get Real or Let's Not Play: Transforming the Buyer/Seller Relationship. Mahan Khalsa, Randy Illig.

Autoridad *–Authority-:* las empresas que trabajan en mercados *B2B*, suelen encontrarse con que el *lead* con quien inicialmente tienen contacto no es el *lead* que toma la decisión de compra. Puede ser un mero recopilador de información, un *gatekeeper,* que evita que los comerciales fastidien a los ejecutivos que toman la decisión o, en el caso menos malo y más corriente, que el *lead* sea parte del grupo que toma la decisión. El caso es que si sois una empresa *B2B* y no conseguís hablar con quién tenéis que hablar, es posible que el esfuerzo comercial se pierda. Imaginaros que vendéis software de Gestión de Proyectos y que en una posible empresa compradora, el Director de Operaciones al tiempo que investiga él mismo qué solución puede ayudarle, le pide a un informático de su empresa que investigue otras soluciones. Imaginaros que el Director de Operaciones contacta con la competencia y le atienden, vosotros sois en cambio contactados por el informático y os dedicáis a hacer todo el trabajo comercial con él. ¿Quién creéis que se va a llevar esta cuenta?

El problema no es que os haya contactado un informático y no un Director de Operaciones. El problema es que debisteis ganar acceso al Director de Operaciones cuanto antes y no lo hicisteis. Es trabajo del comercial averiguar quién es la persona que toma la decisión, y no nos referimos aquí a quién pone la firma en el contrato, sino a quién de verdad puede hacer que nuestra propuesta sea aprobada.

¿Cómo definir vuestro criterio aceptable de Autoridad?

Ejemplo: Podemos asignar niveles para calificar al *lead* con el que tenéis contacto.

- Nivel 0: Tomador de la decisión.
- Nivel 1: Participa en la toma de decisión.
- Nivel 2: Aconseja en la toma de decisión.
- Nivel 3: Recopila información.

No significa que si un *lead* con N3 de autoridad viene a vosotros lo descartéis. Esto es sólo un semáforo en ámbar que os indica que tenéis que averiguar si hay posibilidades o no de obtener acceso a niveles superiores. De no haberlas, podéis decir que este *lead* en términos de Autoridad no cualifica. El escenario que debéis buscar siempre es tener acceso a todas aquellas personas que tienen poder de toma de decisión.

Necesidad –*Need*-: este es quizás el punto clave del *BANT*. Si no hay necesidad o ésta no es acuciante, el cliente no tiene prisa, y hay un alto riesgo de que los procesos de compra se retrasen o, incluso, de que se aplacen indefinidamente. La necesidad es además lo que os dice si realmente podéis o no ayudar a un cliente.

¿Cómo definir vuestro criterio aceptable de Necesidad?

La necesidad se define en dos aspectos:

- En términos absolutos: O se tiene o no se tiene.
- En términos de prioridad: ¿Qué tan acuciante es la necesidad? ¿Tiene prioridad alta, media o baja?

En los términos absolutos es en lo que os debéis fijar primero. Si no hay necesidad, es muy difícil que salga adelante la oportunidad. Una vez sepáis que hay necesidad, necesitáis saber qué tan prioritario es el proyecto. Si la prioridad es baja, es posible que el proyecto se caiga o se aplace. La prioridad también está estrechamente relacionada con el *Timing* de la decisión de compra. A mayor prioridad, más rápido el cliente buscará una solución a su problema.

Tiempo de toma de la decisión –*Timing*-: este punto, básicamente, es la prisa que tiene el *lead* por adquirir aquello que vendéis. De cuánto hablamos, ¿de un mes? ¿Un año? ¿Ya? Es muy importante conocer este *Timing* por varios motivos: el primero es que una oportunidad que el *lead* prevé cerrar en 6 meses puede caerse por muchas razones, por restricciones de presupuesto inesperadas, por priorización de otras necesidades o incluso por sustitución de la persona que toma la decisión en el caso de las empresas *B2B*, lo que os llevaría a comenzar casi de cero o perder la oportunidad. Y el otro motivo principal es porque hay que priorizar y gestionar en primer lugar aquellas oportunidades con un horizonte temporal más cercano. El equipo comercial debe distribuir sus recursos de forma que no deje desatendidas aquellas oportunidades a medio y largo plazo, pero debe dedicar un mayor esfuerzo a lo que puede cerrar en el corto plazo.

¿Cómo definir vuestro criterio aceptable de *Timing*?

Una posible forma para medir el tiempo en el que se espera realizar la compra es el siguiente:

- Nivel 0: Inminente
- Nivel 1: < 3 meses
- Nivel 2: < 6 meses
- Nivel 3: < 12 meses
- Nivel 4: > de 12 meses

Estos lapsos de tiempo deben ser adaptados a lo que tiene sentido para vuestra empresa. En mercados *B2C*, estos plazos tenderán a ser más cortos que en un mercado *B2B*.

Los niveles que mejor cualifican son el N1 y el N2. Un N0 puede ser peligroso. Puede indicar, por ejemplo, que la decisión del cliente ya ha sido tomada cuando acude a vosotros.

Como empresa, debéis definir de la B a la T, cuáles valores de estas variables son aceptables y razonables para vuestro negocio. Una vez definidos, os permitirán determinar si un *lead* debe seguir su camino a través de la fase de Compra, o si ese *lead* resulta un alto riesgo de pérdida de tiempo y esfuerzo de nuestro equipo comercial.

¿Cómo definir vuestro *BANT* global aceptable?

Rara vez os vais a encontrar un *BANT* perfecto a la primera. Muchos *leads* no quieren, por ejemplo, hablar de dinero en la primera toma de contacto. Lo importante es que el *BANT* en conjunto sea bueno y saber actuar ante los posibles semáforos ámbar o rojos (señales de que algo no está bien). Además, distintas combinaciones de las variables *BANT* pueden dar lugar a distintos tratamientos, pero eso lo veremos en el siguiente apartado.

Funnel de Ventas y Marketing

En caso de que una vez analizado el *BANT* de un cliente, veamos que cumple nuestros criterios de cualificación, es necesario continuar con el proceso de Ventas y movernos hacia la fase de Compra. Pero antes de seguir avanzando, nos gustaría dejar el panorama de vista de pájaro que nos da el Ciclo de Venta, y bajar un nivel más, encuadrando el Ciclo de Ventas dentro del popular *Funnel* de Ventas y Marketing. Este *Funnel* o embudo, si consideramos el proceso de ventas completo y para empresas que basan su negocio en el canal *online*, suele verse de la siguiente manera:

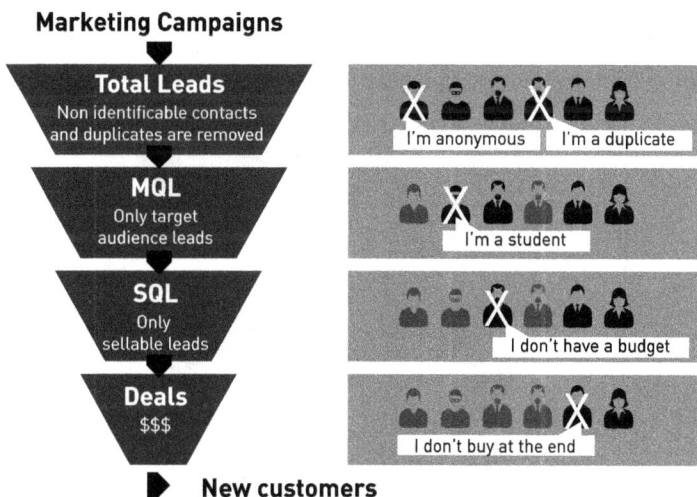

Ilustración 11: Marketing & *Sales Funnel*[12].

Primero empezáis con visitantes anónimos de los que no tenéis datos, y que eventualmente se convierten en *leads*, cuando conseguís que rellenen algún formulario y os dejen sus datos. Sin embargo, hará falta un poco más de interacción con los *leads*, para daros cuenta de que no todos tienen un interés de compra (pueden ser competencia, estudiantes, despistados, etc.). Una vez que logréis conseguir más información y que los *leads* pasen este primer filtro, podréis hablar de *Marketing Qualified Leads – MQL*.

Aún con un genuino interés de compra, estos *leads* podrían estar fuera de los valores de *BANT* que habéis estimado como aceptables, por ejemplo, podrían querer acometer la compra en dos años, o no moverse dentro del mismo rango presupuestario que vosotros. En estos casos, tiene poco sentido que paséis estas oportunidades de forma inmediata a ser atendidas por un comercial. Recordad que debéis priorizar y que vuestros recursos son escasos y limitados. Sin embargo, si su *BANT* es aceptable, hablamos de un *Sales Qualified Lead* listo para ser asumido por alguien de vuestro equipo comercial y, por tanto, alguien que, efectivamente, tiene probabilidades de llegar a comprar. Si equiparamos el gráfico del *Funnel* con el gráfico del Ciclo de Ventas, podríamos tener algo así:

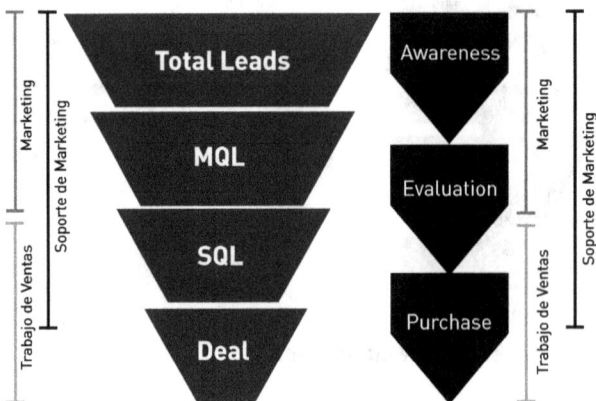

Ilustración 12: Marketing/*Sales Funnel* y Ciclo de Venta.

¿Cómo determinar cuándo un *lead* está listo para pasar a Ventas (*SQL*)?

Tenéis tres métodos:

1. Puntación –*Scoring*-: podéis atacar de forma proactiva a los *leads* que alcancen un determinado puntaje basado en su actividad y características. La ventaja de este método es que podéis apresurar la decisión de toma de contacto del *lead*. Sin embargo, la verdad es que es difícil sólo en función de un *scoring* tradicional determinar con precisión cuando un *lead* está listo para hablar con un comercial. Aquí corréis el riesgo de hacer perder tiempo a vuestros comerciales. Recomendamos el uso de este método al comienzo del negocio, cuando se tienen pocos *leads* y comerciales ociosos.

2. El *lead* decide iniciar el contacto: con este método reducís el riesgo de contactar a alguien que no quiere ser contactado. Es un método *Inbound* por su propia naturaleza (no interrumpir al *lead* como hacen los métodos *Outbound*). El problema es que no necesariamente un *lead* que os contacta tiene una alta probabilidad de convertirse en oportunidad. Muchas veces el *lead* os contacta sólo porque no está encontrando la información que necesita.

3. El *lead* inicia el contacto pero le hacéis una pre-cualificación: aunque el *lead* ha contactado con vosotros, antes de pasarlo a Ventas le hacéis un primer *BANT*. Este *BANT* puede ser captado por medios impersonales (encuestas *online*, formularios, etc.) o llevada a cabo por un perfil *Inside Sales*. Este método reduce la pérdida de tiempo de los comerciales, pero también, el número de *leads* que pasan a Ventas. Es decir, prima la calidad ante la cantidad. Este método puede no ser suficiente cuando empezáis, ya que nadie os conoce, tenéis pocos *leads* y debéis ser más agresivos.

Nuestra recomendación es: sed Flexibles.

Si sois un equipo pequeño, para optimizar los recursos comerciales el método que más os conviene es el método 3. Sin embargo, si veis que no tenéis *leads* y que no llega trabajo a Ventas, pasad a los métodos 1 y 2.

Etapas de las oportunidades

Vamos a seguir avanzando en el Ciclo de Ventas, pero a un nivel aún más profundo para explorar las fases de Evaluación y de Compra. Ya sabemos que los *leads* son *Sales Qualified Leads* gracias a unos criterios objetivos que hemos decidido en el *BANT*. Estos *leads* pues, pasarán a ser atendidos por un comercial, por lo tanto, debemos analizar estas fases en términos mucho más comerciales o de Ventas. En cuanto los *leads* pasan a ser tratados por un comercial podemos elevarlos al estado de oportunidad.

Las oportunidades atraviesan una serie de etapas en su camino al cierre que a continuación os explicaremos.

1. **Prospección *–Prospecting-:*** es la etapa más temprana de la gestión de una oportunidad. Este estado indica que puede existir una oportunidad, pero que aún no estáis totalmente seguros de ella. Podéis utilizar este estado después de la primera toma de contacto entre comercial y *lead*. Suele ocurrir en esta etapa que la necesidad de información del *lead* aún persista y deba ser satisfecha por vuestro personal de Ventas para que la oportunidad pueda seguir avanzando. Incluimos aquí a todos los *leads SQL* cuando pasan a Ventas y los mantenemos hasta que el comercial no tenga claro los requisitos del cliente. Las oportunidades en este estado tienen alrededor de un 10% de posibilidades de cerrarse.

2. **Propuesta de Valor *-Value Proposition-:*** aquí el comercial ya sabe exactamente qué solución le va a ofrecer al cliente. Por ejemplo, si sois una aseguradora, para este momento vuestro comercial ya sabrá cuál es el plan adecuado de pensiones privadas para vuestra oportunidad que es una mujer de 40 años que trabaja para el Estado, no tiene hijos y quiere poder disponer de sus ahorros ante ciertas eventualidades. En las empresas

de software, en este punto, se suele presentar la solución al cliente en forma de una demostración de producto. Para poder llegar a este conocimiento de cuál es el producto o servicio más adecuado para su cliente, el comercial debe haber llevado a cabo un análisis de los requerimientos y necesidades del cliente, que le permita saber si podéis cumplir con lo que necesita y cómo podéis hacerle una propuesta de valor. Así mismo, el comercial debe haber identificado con bastante claridad cuáles son las personas que van a intervenir en la decisión de compra. Debería haber ganado acceso a estas personas y haberles presentado la solución. Además, a estas alturas el comercial averigua cualquier dato presupuestario que le haga falta (rango, presupuesto cerrado, precios de la competencia, etc.). En la fase de Propuesta de Valor, todos los implicados en la toma de la decisión de compra deben conocer la solución y el comercial debe ser retroalimentado por estos tomadores de decisión para saber si tiene sentido hacerles un presupuesto oficial. Las oportunidades en este estado tienen alrededor de un 60% de posibilidades de cerrarse.

3. **Propuesta Económica/Oferta** *-Proposal/Price Quote-:* aquí cogéis la solución y su precio con descuentos o no y la plasmáis en un presupuesto oficial que resulte atractivo para el cliente. Se considera que llegados a este punto tenemos un 75% de posibilidades de ganar la oferta.

4. **Negociación/Revisión** *-Negotiation/Review-:* una vez las personas con poder de decisión reciben la propuesta, regatearán o no, os pedirán que incluyáis o quitéis productos. En este momento, es cuando el comercial necesita llegar a acuerdos satisfactorios para ambas partes y plasmarlos en la oferta económica final. Generalmente en este estado, una oportunidad tiene un 90% de probabilidad de cerrarse.

5. **Cerrar como ganada la Oportunidad** *-Close Won-:* el cliente acepta nuestra propuesta y podemos decir que hemos conseguido un nuevo cliente.

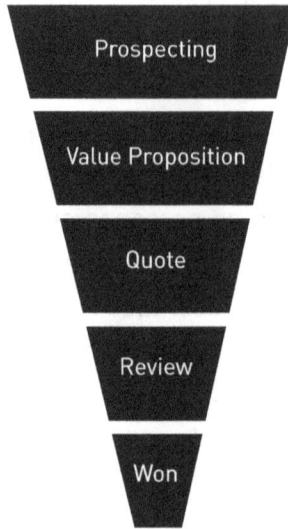

Ilustración 13: Flujo de las Oportunidades.

3.2.4 Instrucciones 2

Una vez definidas estas fases del Ciclo de Venta, vamos a ver con más detalle los procedimientos de Ventas.

Ya hemos delimitado las fases que tendrán lugar cada vez que un *lead* con intención de compra nos busque. Ahora es momento de definir los distintos flujos de trabajo en el tratamiento de *leads*, oportunidades y ofertas comerciales. Delimitaremos las acciones a llevar a cabo en estos flujos de trabajo y periodo de tiempo en el que deben realizarse.

Os daremos herramientas de trabajo como:

- Modelo de procedimiento para la primera toma de contacto con el *lead*.

- Modelo de *Lead Scoring.*

- Modelo de captación del *BANT.*

- Modelo de grupos de priorización según su *BANT.*

- Modelo de gestión de las etapas de las oportunidades.

Reunid a vuestros equipos de Marketing y Ventas para trabajar sobre estos modelos.

Fase de Conciencia y Primera Parte de la Fase de Evaluación

Canal Directo *Online*

Como ya hemos comentado en la sección de Fases de Venta, en el canal directo *online* durante la fase de Conciencia o *Awareness,* el trabajo es realizado fundamentalmente por el equipo de Marketing. El *lead* no está listo para ser contactado, y va a llevar por su cuenta un proceso investigativo en la web que el departamento o la función de Marketing va a respaldar mediante una Arquitectura *Inbound.* Veremos cómo montar una Arquitectura *Inbound* en el capítulo 4 de este libro.

Así mismo, en un momento temprano de la fase de Evaluación, podéis esperar que el posible cliente haga por sí sólo una reducción considerable de los proveedores con los que quiere ponerse en contacto para abordar la compra. Usualmente, este número no supera los cinco proveedores. Debido a que, en principio, va a tomar esta decisión él sólo, seguirá apoyándose en el material y la información que vosotros en vuestra Arquitectura *Inbound* pongáis a su disposición. En esta fase, los esfuerzos de esta arquitectura deben estar enfocados en demostrar que el producto permitirá al cliente recibir los beneficios específicos que está buscando y en resaltar las cualidades del producto que son más determinantes a la hora de decidir la compra (Océanos Azules).

Como veis, en estas fases tempranas del proceso de decisión de compra, son la función de Marketing y su Arquitectura *Inbound* los actores que juegan un papel clave.

Puerta Fría Directa y/o *Partners*

En este caso, sí que entra en juego de forma temprana la interacción con vuestro equipo comercial o el del *partner*. El proceso a llevar a cabo en este caso a grandes rasgos es:

1. Convencer al cliente de que tiene una necesidad.

2. Mostrarle que podéis ayudarlo.

Debéis tratar de que las Ventas a puerta fría sean asumidas por el *partner*, dado que:

1. Normalmente, están mejor posicionados para entrar a ciertos sectores de lo que vosotros estáis.

2. Suelen ir a clientes con los que ya tienen una relación para hacerles *cross-selling*, por lo que, la venta es menos compleja (ya cuentan con la confianza del cliente).

3. Os permitirán reservar vuestros recursos de Ventas.

Sin embargo, para que las ventas asumidas por el canal o por nuestro personal de Ventas desde fases tan tempranas tengan éxito, es necesario que deis a éstos –especialmente al *partner*– todas las herramientas necesarias para justificar el problema y la solución ante el cliente.

En el caso particular del *partner*, debéis preocuparos de que:

- Conozcan bien la problemática para que puedan transmitirla al cliente.

- Conozcan bien el producto.

- Conozcan las fortalezas del producto frente a la competencia.

- Puedan mostrar al cliente casos de uso o de éxito con los que el cliente se sienta identificado.

Algunas tácticas para ayudar al *partner* con todos estos detalles:

- **Compartirles vuestras fichas de *Target Audience, Buyer Persona*, Producto y Propuesta de Valor:** de esta forma os aseguráis de que el *partner* conoce a la perfección el discurso de vuestro producto y cómo defenderlo ante el cliente.

- **Crear una pequeña zona de *partners* en vuestra web:** Un sitio en el que los *partners* puedan acceder a material técnico y/o comercial importante para su desempeño a pie de campo. En el caso de empresas desarrolladoras de software, por ejemplo, este material puede incluir comparativas con software de la competencia, casos de uso concretos y cómo el software los resuelve, etc.

Evaluación y Compra

Los procedimientos que se describen a continuación deberían ser aplicados a todas las oportunidades de compra, provengan de *partners*, de acciones a puerta fría o de vuestro canal *online*. Todas deberían contar con la cualificación necesaria, que es aportada por el *BANT* y seguir el procedimiento de compra que se describe en los siguientes sub-apartados, a excepción de la cualificación por *Scoring* que sólo tiene sentido para aquellos *leads* que vienen por el canal *online*.

Como vimos en la sección anterior, es en la Fase Tardía de Evaluación y de Compra donde aparece el trabajo comercial de verdad. Es a partir de la Fase Tardía de Evaluación donde evaluamos si el *lead* está listo o no (cualificación) para ser atendido por nuestro equipo comercial. Es decir, cuándo y por qué decidimos convertirlo en *SQL*. Nuestra recomendación aquí es que implementéis vuestro *Lead Scoring* para saber cuándo un *lead* está listo para ser atacado, pero que actuéis según las circunstancias. A continuación os presentamos un modelo para la primera toma de contacto con el *lead*.

Modelo de procedimiento de primera toma de contacto

Tipo de Acción	Acción
Por defecto	Esperar a que el *lead* os contacte.
Cuando haya falta de *leads*	• El equipo de Marketing debe trabajar en *Lead Generation*. • Mientras tanto, el equipo de Ventas ataca al *lead* guiado por el *Scoring* hasta que Marketing consiga solucionar la escasez de *leads*.
Por defecto	Exigís que haya un *BANT* para poder avanzar con el *lead* a un estado de Oportunidad.

A continuación, podemos ver la misma información de la tabla, pero en forma de diagrama de flujo.

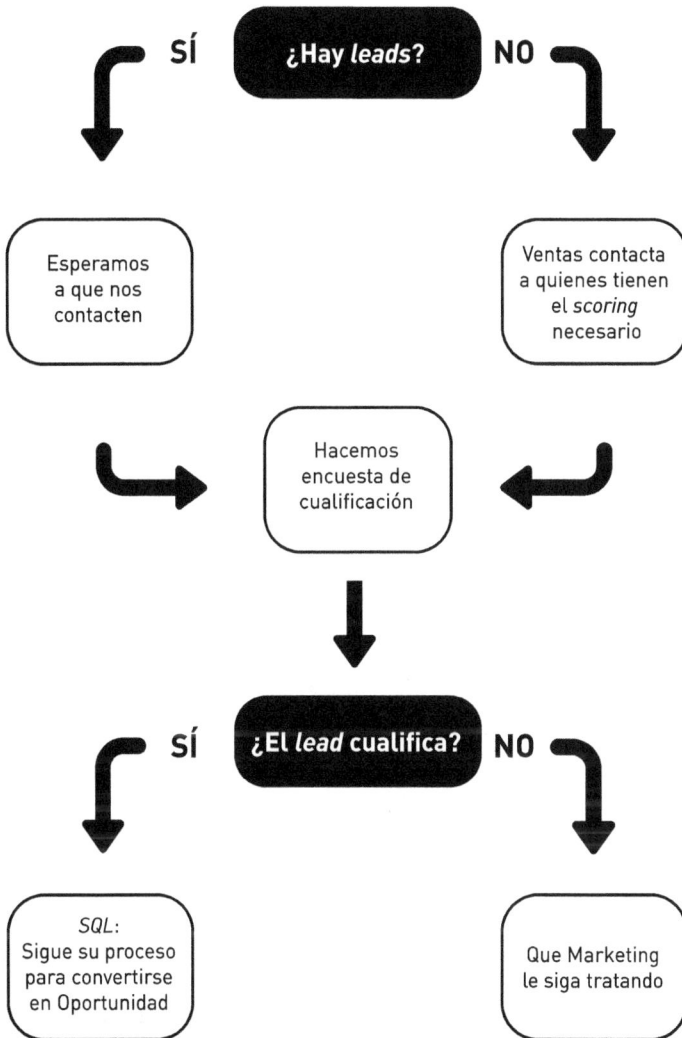

SÍ ¿Hay *leads*? **NO**

Esperamos a que nos contacten

Ventas contacta a quienes tienen el *scoring* necesario

Hacemos encuesta de cualificación

SÍ ¿El *lead* cualifica? **NO**

SQL: Sigue su proceso para convertirse en Oportunidad

Que Marketing le siga tratando

Ilustración 14: Procedimiento para primera toma de contacto con los *leads*.

En caso de que el *lead* cualifique, es tiempo de que sea atendido por un comercial de forma permanente hasta que se cierre la oportunidad. En caso contrario, Marketing le seguirá nutriendo con sus campañas y su Arquitectura *Inbound*.

En cuanto a la definición del *Scoring*, vale la pena que revisemos un poco cómo podemos determinarlo.

Modelo de *Lead Scoring*

La primera aclaración que debemos hacer antes de entrar en este punto es que, si queréis implementar un sistema de puntuación de *leads* que tome en cuenta su comportamiento, vais a necesitar apoyaros en una herramienta software.

Un sistema de *Scoring* o puntuación de *leads*, no es otra cosa que un mecanismo que utilizáis para priorizar la atención al *lead* y atender a aquellos que por sus características y comportamiento indican que tienen más probabilidades de convertirse en nuestros clientes.

A continuación, se muestran algunas tablas ejemplo de cómo construir el *Scoring* para incorporarlas a la herramienta con la que vayáis a llevar vuestro *Lead Management*. Es importante que construyáis vuestras propias tablas y que tengáis en cuenta que el proceso de *Scoring* puede requerir de revisión por parte del departamento de Marketing a medida que la experiencia demuestre que hay variables que son más decisorias que otras. Por ejemplo, si descubrimos que estamos asignando una puntuación muy alta o muy baja a determinados comportamientos del *lead*.

Scoring Implícito

En primer lugar, tenéis que definir el *Scoring* que podéis obtener a partir de las acciones que lleva a cabo el *lead* y que pondrán de manifiesto el interés que tiene por lo que vendéis.

Definiréis una columna de comportamiento y otra de puntuación asignada. Vamos a verlo en más detalle con el ejemplo de *Lead Scoring* de Wild Wind Marketing.

Scoring de Comportamiento – Nuestro ejemplo	
Comportamiento	Puntajes
Críticos: (10-15 puntos)	
Lead solicita una reunión con un comercial	+15
Lead llama a la empresa	+15
Lead completa el primer formulario	+15
Lead deja una consulta	+12
Lead visita la página de precios	+10
Importantes: (5-9 puntos)	
Lead llega por búsqueda "Consultoría de Lanzamiento de Producto"	+9
Lead hace clic en publicidad o "Quiero saber más" de campañas *e-mail* Marketing.	+9
Lead se apunta a un *webinar*	+5
Lead asiste a un *webinar*	+5
Influyentes: (1-4 puntos)	
Lead hace clic en artículo *newsletter*	+4
Lead hace clic en *link* de *e-mail* de funcionalidad	+4
Lead se registra para un curso	+2
Lead abre cualquiera de nuestros *e-mails*	+2
Mal comportamiento: (puntos negativos)	
No ha tenido actividad en los últimos "x" meses	-15
Hace clic en "darse de baja"	-15 o eliminar
Escribe para decir que no quiere más *e-mails*	eliminar

Scoring Explícito

En segundo lugar, tenéis que definir un *Scoring* "demográfico" que os ayudará a hacer una pre-cualificación del *lead*.

Definiréis dos columnas para los atributos y los valores que pueden tomar así como otra columna para las puntuaciones. Continuamos con el ejemplo de Wild Wind Marketing.

Scoring Demographics – Nuestro ejemplo		
Atributo	Valor	Puntajes
Críticos: (10-15 puntos)		
Rol	Tomador de la decisión	+15
Toma de decisión	Inmediato	+15
Número de empleados	1 1-10 10-49	+5 +10 +15
Cargo/Job	Director de Marketing Director de Ventas Gerente	+10 +10 +15
Sector	Tecnologías en general Software empresarial Aplicaciones móviles Hardware	+10
Presupuesto	>3.000 €	+10
Importantes: (5-9 puntos)		
Teléfono	Deja un número de teléfono	+7
Empresa	Deja el nombre de empresa	+7
Correo corporativo	Sí	+5
Mal comportamiento: (puntos negativos)		
Cargo/Job	Estudiante	-15
Correo corporativo	No	-10
Teléfono	Deja el campo vacío	-5
Empresa	Deja el campo vacío	-5

En los Atributos "Críticos" se asignan valores y puntuaciones a lo que se podría denominar un "perfil ideal", lo que más puntúa. No obstante, habría que definir otros valores y sus correspondientes puntuaciones para *leads* con otros perfiles. Por ejemplo, si en lugar de un Director de Ventas o de Marketing el *lead* es un mando intermedio, responsable de zona, informático, etc.

Una vez que hayáis definido los comportamientos y factores demográficos que identifican a vuestro *lead*, podréis construir la línea que separa un *Hot Lead* de uno que no lo es. Entendemos por *Hot Lead* un *lead* que se encuentra muy activo y cuyas características demográficas encajan en nuestro perfil de cliente. Cuando un *lead* se encuentra "caliente" o "*hot*", es importante que prioricéis su atención, ya que estudios demuestran que un *lead* que se atiende en su fase más activa tiene muchas más probabilidades de cerrarse que uno que se atiende en frío.

Siguiendo el ejemplo de las tablas anteriores, hemos hecho también un ejemplo de cómo pueden puntuar los *leads*, el *Scoring* que pueden alcanzar y el flujo que seguirán desde Marketing a Ventas:

Comportamiento

	>40 ptos.	31-40 ptos.	21-30 ptos.	11-20 ptos.	0-10 ptos.
>40 ptos.	82	72	62	52	41
31-40 ptos.	72	62	52	42	31
21-30 ptos.	62	52	42	32	21
11-20 ptos.	52	42	32	22	11
0-10 ptos.	41	31	21	11	0

Demografía

Ilustración 15: Ejemplo de tabla de *Scoring.*

HOT CALIENTE	A partir de 52 puntos
WARM TIBIO	De 32 a 51 puntos
COLD FRÍO	De 0 a 31 puntos

Ilustración 16: Leyenda tabla de *Scoring.*

De acuerdo al *Scoring* ejemplo que hemos desarrollado, a partir de los 52 puntos los *leads* pasan de Marketing a Ventas. Es decir, se consideran *Sales Qualified Leads*. Un *lead* puede haber alcanzado esta puntuación si pertenece a nuestro sector objetivo (+10), nos deja su teléfono (+7), nos deja el nombre de su empresa (+7), su correo es corporativo (+5) [29 puntos] y, además, solicita una reunión (+15) o consulta los precios (+10) y hace clic en un *newsletter* (+4) y/o *link* de funcionalidad en un *e-mail* (+4) [>52 puntos]. A partir de los 32 puntos, Marketing deberá desarrollar actividades de *Lead Nurturing* más agresivas para ayudar al *lead* para que esté listo para la compra. Hasta los 31 puntos, se hará una nutrición de *leads* básica.

Como ya hemos comentado, esto es un ejemplo, y vosotros tendréis que diseñar vuestro propio sistema de *Scoring* de acuerdo a vuestros posibles clientes y experiencia.

Modelo de captación del *BANT*

La forma de evaluar si el *lead* está listo o no para ser atendido por un comercial es averiguando su *BANT*.

Como tantas otras veces hemos mencionado, calcular el *BANT* os ayudará a no perder el tiempo y a reducir vuestros costes comerciales. Ahora bien, ¿cómo averiguáis el *BANT*? Tenéis dos opciones:

- De forma automática: sin intervención de personas.
- De forma personal: a través de la intervención de personas.

A nuestro juicio, si tenemos un equipo de Ventas pequeño, la opción automática es la mejor, ya sea enviando una encuesta por correo o incluyendo las preguntas *BANT* en nuestros formularios. Sin embargo, habrá momentos en que esta labor no podrá llevarse a cabo por medios automáticos y será un perfil de *Inside Sales* quien capte el *BANT*. ¿Cómo hacerlo? Lo mejor que podéis hacer es sacar partido a vuestras propias *Landing Pages* o Páginas de Aterrizaje. Podéis incluir preguntas que os ayuden a determinar el *BANT* de vuestro cliente en formularios que estos deben rellenar cuando quieran descargarse uno de vuestros recursos o para hacer una consulta. También podéis hacer un cuestionario específico para captar el *BANT*. Por ejemplo, después de hacer una consulta en vuestra web:

1. Uno de vuestros comerciales llama al *lead* para una primera toma de contacto rápida.

2. El comercial pide al *lead* que antes de la primera reunión formal le responda algunas preguntas de forma *online*.

3. El comercial envía un *e-mail* con un enlace a un cuestionario en Google Forms, Survey Monkey, PollDaddy o alguna otra herramienta de encuestas *online*.

Por desgracia, no podéis preguntar directamente los cuatro componentes del *BANT* al *lead,* porque la información podría resultar engañosa o insuficiente. Por ejemplo, para obtener información más detallada sobre la Autoridad, podéis no sólo preguntar directamente cuál es la autoridad del *lead* para tomar la decisión, sino también su cargo o la estructura organizativa de la empresa para hacernos una idea de con qué nivel de decisión estamos tratando. Tenemos que diseñar unas preguntas que nos ayuden a obtener una visión más amplia de las variables del *BANT*.

A continuación, os mostramos algunas de las preguntas que pueden ser utilizadas para que os hagáis una idea más o menos realista del *BANT* de un *lead*. El ejemplo que ponemos a continuación es un modelo de encuesta *BANT* para una compañía que vende software a otras empresas.

Variable	Pregunta
Budget	**¿Se han asignado recursos en la actualidad para la compra del producto?** a) Sí, se ha asignado un presupuesto para reemplazar el software actual. b) Sí, tenemos un presupuesto asignado para la compra de software de este tipo por primera vez en nuestra empresa. c) Los recursos están en proceso de ser asignados. SEMAFORO ÁMBAR d) No, no existe aún un presupuesto asignado. **SEMÁFORO ROJO** e) Desconozco este aspecto. SEMAFORO ÁMBAR
	Si el software cumple con las necesidades de su compañía, ¿existen recursos disponibles a fecha de hoy para adquirir la solución? Si no, ¿qué proceso deberá tener lugar para asegurar los recursos necesarios para el proyecto? Si responden que no hay recursos disponibles y que no saben qué proceso se seguirá: SEMAFORO ÁMBAR
	¿Cuál es el rango de presupuesto que su empresa tiene determinado para el software este año? a) < 5.000€ **SEMÁFORO ROJO** b) Entre 5.000 y 10.000€. c) Entre 10.000 y 20.000€. d) Desconozco el presupuesto. SEMAFORO ÁMBAR e) No tenemos asignado ningún presupuesto aún. SEMAFORO ÁMBAR
	¿Cómo catalogarías vuestra empresa? a) Micro Empresa, 1-9 trabajadores, hasta 2.000.000€ de facturación anual. SEMÁFORO ÁMBAR b) Pequeña Empresa, 10-49 trabajadores, hasta 10.000.000€ facturación anual. c) Mediana Empresa, 50–249 trabajadores, hasta 43.000.000€ de facturación anual. d) Gran Empresa, más de 250 trabajadores, más de 43.000.000€ facturados.

Authority

¿Cuál es su cargo?

a) Director de Marketing.

b) Director de Ventas.

c) Gerente.

d) *CTO* / Responsable *IT*.

e) Otro dentro del departamento de Marketing o Ventas.

Si marcó la opción otro, indique su cargo: _____

Por ejemplo, si la respuesta es que es un comercial o un becario, ahí tenemos un SEMÁFORO ÁMBAR

¿Es usted quién tomará la decisión de compra del producto?

a) Sí.

b) No, formo parte del grupo que tomará la decisión.

c) No, aconsejo a quien(es) toma(n) la decisión.

d) No, sólo recopilo información de posibles proveedores. SEMÁFORO ÁMBAR

¿Quién está asumiendo el liderazgo de este proyecto?

Habría que analizar esta respuesta en conjunto con el resto para encontrar semáforos rojos o ámbar.

¿Cuenta el proyecto con el apoyo de la Dirección?

Si el proyecto no cuenta con el apoyo o no lo saben, estamos ante un SEMÁFORO ÁMBAR

¿Cuál es el proceso de compra que se llevará en el interior de su compañía para aprobar la compra del software?

Sí no conocen el proceso, estamos ante un SEMÁFORO ÁMBAR

¿Quién o quiénes estarán implicados en la revisión y recomendación en las diferentes fases del proceso de decisión de compra del software?

Si no saben quiénes, estamos ante un SEMÁFORO ÁMBAR

Need

¿Cuál es el principal problema o reto que la organización pretende resolver con el software?

(Recomendamos dejar esta pregunta abierta para captar cuantos más detalles posibles sobre la problemática del cliente)

¿Qué departamentos, personas, cargos están siendo afectados de forma negativa por la situación actual?

Si no hay afectados o son desconocidos, prácticamente tenemos un **SEMÁFORO ROJO**, si son conocidos, pero no por el *lead*, tenemos un SEMÁFORO ÁMBAR

¿Cuál es el impacto actual de no resolver esta situación?

    a) Altos costes comerciales.

    b) Clientes insatisfechos.

    c) Pérdida de clientes actuales.

    d) Incapacidad para saber el impacto de la inversión.

    e) No lo sabemos. SEMÁFORO ÁMBAR.

¿Existen indicadores numéricos o métricas que se quieran mejorar con la implementación del software? ¿Cuáles?

Si no lo saben, es un SEMÁFORO ÁMBAR, pero esto suele ser bastante frecuente.

¿Cómo se medirán los resultados del éxito de la solución implantada?

Si no lo saben, es un SEMÁFORO ÁMBAR, pero esto suele ser bastante frecuente.

¿Es la primera vez que se intenta implementar este tipo de software en la compañía? En caso de no ser la primera vez, ¿por qué la iniciativa no pudo llevarse a cabo anteriormente?

Si no es la primera vez, hay un SEMÁFORO ÁMBAR y tenemos que tratar de averiguar si se han superado los motivos que hicieron que el proyecto fracasara en el pasado, si no se han superado y están dando el mismo enfoque al proyecto, estamos ante un **SEMÁFORO ROJO.**

Timing

¿Qué consecuencias para usted o su compañía habrá si no se toma la decisión de adquirir el software? ¿Qué va a pasar a su compañía si esta decisión no se toma?

Si no hay consecuencias y todos siguen tan felices, este proyecto tendrá muy poca prioridad y alta probabilidad de ser aplazado ante necesidades más urgentes de la compañía. SEMÁFORO ÁMBAR

¿Cuál es el estado en el que se encuentra el proceso de selección del software?

a) Evaluación de proveedores.

b) Revisión de propuestas comerciales.

c) Negociación de presupuestos. **SEMÁFORO ROJO**

d) Decisión tomada. **SEMÁFORO ROJO**

¿Cuál es la fecha límite para poner la solución en funcionamiento?

a) Menos de 1 mes. SEMÁFORO ÁMBAR

b) Próximos 2 meses.

c) Próximos 4 meses.

d) Próximos 6 meses.

e) Necesitamos más de 6 meses. SEMÁFORO ÁMBAR

¿Qué prioridad tiene para la Dirección de su compañía adquirir la solución?

a) Prioridad Alta.

b) Prioridad Baja. SEMÁFORO ÁMBAR

c) Prioridad Media.

d) No lo sé. SEMÁFORO ÁMBAR

¿Está este proyecto entre las cinco iniciativas más importantes de la compañía en la actualidad?

a) Sí.

b) No entre las cinco primeras, pero sí entre la diez primeras.

c) No lo está, pero creo que puedo convencer a la Dirección de que lo esté. SEMÁFORO ÁMBAR

d) No lo sé. SEMÁFORO ÁMBAR

Recordemos que los semáforos rojos o ámbar son simplemente señales de que deberíamos corregir situaciones o detener la inversión comercial. Este concepto de los semáforos se ha tomado prestado del libro *Let's Get Real or Let's Not Play: Transforming the Buyer/Seller Relationship*.

Después de leer este cuestionario, podéis tener muchas percepciones o dudas, aquí respondemos algunas:

- **Muchas de estas preguntas parecen repetitivas:** el cuestionario trata de conseguir cuanta más información podamos y de ver que el *lead* es congruente con lo que responde.

- **Es muy extenso:** os sorprenderéis de ver cómo los *leads* llevan a cabo el trabajo de rellenar este tipo de encuestas cuando están realmente interesados. El secreto es trasmitirles la idea de que esta información os va a ayudar a entender mejor su problema y a ofrecerles la mejor solución posible. Para los equipos de Ventas contar con toda esta información es importante para detectar riesgos o "semáforos ámbar o rojos" que os hagan preguntaros si estáis tratando con una oportunidad abocada al fracaso.

¿Qué semáforos rojos podéis detectar con estas preguntas?

- Que vuestro interlocutor no es un *stakeholder* (no tiene un papel importante en la toma de decisión).
- Que no existen recursos para el proyecto.
- Que los *leads* no saben de dónde pueden sacar recursos para adquirir la solución.
- Que el *lead* no tiene claro el problema que tiene ni cómo quiere solucionarlo.
- Que no resolver el problema no tiene consecuencias y, por tanto, ninguna prioridad para la compañía o el *lead*.

Como se mencionaba anteriormente en otros apartados, la idea con el *BANT* no es descartar oportunidades, sino más bien, detectar posibles riesgos, tratar de solventarlos o de profundizar en el conocimiento de la situación del *lead*. Descartaréis oportunidades una vez que detectado el riesgo, lo planteéis ante el cliente y tengáis una idea clara de si podéis eliminar o reducir los factores de riesgo o no.

Además de detectar los semáforos ámbar y rojos, debéis dar una calificación a vuestro *BANT*. A continuación veremos cómo hacerlo.

Variable	Pregunta	Calificación
Budget	¿Se han asignado recursos en la actualidad para la compra del software?	Se han asignado recursos: B = N0[13] En proceso de asignar recursos: B = N1 El *lead* desconoce este aspecto: B = N2 No se han asignado recursos: B = N3
	Si el software cumple con las necesidades de su compañía, ¿existen recursos disponibles a fecha de hoy para adquirir la solución? Si no, ¿qué proceso deberá tener lugar para asegurar los recursos necesarios para el proyecto?	Se han asignado recursos: B = N0 El *lead* conoce el proceso: B = N1 El *lead* desconoce este aspecto: B = N3
	¿Cuál es el rango de presupuesto que su empresa tiene determinado para el software este año?	Entre 11.000 y 20.000€: B = N0 Entre 5.000 y 11.000€: B = N1 Desconoce el presupuesto o no hay asignado presupuesto: B = N2 <5.000€: B = N3

---

13   Recordad que en el apartado *BANT* de este capítulo tenéis la explicación de los distintos niveles.

	¿Cómo catalogarías vuestra empresa?	Gran Empresa: B = N0
		Mediana Empresa: B = N1
		Pequeña Empresa: B = N2
		Micro Empresa: B = N3
Budget Calificación		B = Promedio de las anteriores calificaciones.
Authority	¿Cuál es su cargo?	Director de Marketing, Director de Ventas, Gerente, Responsable de *e-Commerce*, Director de Canal: A = N0
		CTO / Responsable *IT*, *CFO*: A = N1
		Otros sin poder de decisión: A = N2
	¿Es usted quien tomará la decisión de compra del producto?	El *lead* toma la decisión: A = N0
		El *lead* forma parte del grupo de decisión: A = N1
		El *lead* aconseja: A = N2
		El *lead* recopila información: A = N3
	¿Quién está asumiendo el liderazgo de este proyecto?	La Dirección: A = N0
		El jefe del *lead* o el *lead* si es decisor: A = N1
		Otros: A = N2

	¿Cuenta el proyecto con el apoyo de la Dirección?	Sí: A = N0 No: A = N3 Cualquier otra respuesta.
	¿Cuál es el proceso de compra que se llevará en el interior de su compañía para aprobar la compra del software?	El *lead* conoce el proceso: A = N0 El *lead* desconoce el proceso: A = N2 No existe un proceso definido: A = N3
	¿Quién o quiénes estarán implicados en la revisión y recomendación en las diferentes fases del proceso de decisión de compra del software?	El *lead* conoce el proceso: A = N0 El *lead* desconoce el proceso: A = N2 No existe un proceso definido: A = N3
Authority **Calificación**		A = Promedio de las anteriores calificaciones.
Need	¿Cuál es el principal problema o reto que la organización pretende resolver con el software?	Existe un problema: N = OK No existe un problema: N = No cualifica.
	¿Qué departamentos, personas, cargos están siendo afectados de forma negativa por la situación actual?	El *lead* conoce los afectados: N = N0 El *lead* desconoce los afectados[14]: N = N3

14   En la mayoría de los casos, el desconocimiento del *lead* obtiene los peores niveles *BANT*, esto se debe a que puede indicar que el *lead* no es la persona indicada con la que deberíais estar hablando.

Cuál es el impacto actual de no resolver esta situación?	El *lead* conoce el impacto: N = N0	
	El *lead* desconoce el impacto: N = N3	
¿Existen indicadores numéricos o métricas que se quieran mejorar con la implementación del software? ¿Cuáles?	Existen indicadores y el *lead* los conoce: N = N0	
	No existen indicadores: N = N1	
	Existen pero el *lead* no los conoce: N = N2	
	El *lead* no sabe si existen indicadores: N = N3	
¿Cómo se medirán los resultados del éxito de la solución implantada?	Existen indicadores y el *lead* los conoce: N = N0	
	No existen indicadores: N = N1	
	Existen pero el *lead* no los conoce: N = N2	
	El *lead* no sabe si existen indicadores: N = N3	
¿Es la primera vez que se intenta implementar este tipo de software en la compañía? En caso de no ser la primera vez, ¿por qué la iniciativa no pudo llevarse a cabo anteriormente?	Es la segunda vez, quieren reemplazar el software actual: N = N0	
	Es la primera vez: N = N1	
	No es la primera vez, las razones del fracaso han sido superadas: N = N0	

		No es la primera vez, el *lead* no sabe si las razones del fracaso han sido superadas: N = N3
Need **Calificación**		N = Promedio de las anteriores calificaciones
Timing	¿Qué consecuencias para usted o su compañía habrá si no se toma la decisión de adquirir el software? ¿Qué va a pasar a su compañía si esta decisión no se toma?	Hay consecuencias (se va a perder dinero, despidos, reducción de presupuestos, etc.): T = N0 No hay ninguna consecuencia: T = N2 El *lead* desconoce si habrá consecuencias: T = N3
	¿Cuál es el estado en el que se encuentra el proceso de selección del software?	Evaluación: T = N0 Revisión de propuestas: T = N1 Negociación: T = N2 Decisión: T = N3
	¿Cuál es la fecha límite para poner la solución en funcionamiento?	Próximos 2 meses: T = N0 Menos de 1 mes: T = N1[15]

15   Rara vez la adquisición de software empresarial se toma con tanta celeridad. Si se toma con tanta celeridad debe haber un fuerte motivo, pero también se pueden cometer errores. Por otro lado, esta celeridad, puede significar que la decisión ya esté realmente tomada y que sólo estén engordando el concurso con proveedores que de partida están descartados. En el caso de que todo estuviera bien planificado y hubiera celeridad simplemente porque están realmente listos a todo nivel para empezar a trabajar con un nuevo software, por supuesto, este sería el caso ideal, ya que el Ciclo de Venta sería muy reducido en tiempo y en costes.

		Próximos 4 meses: T = N2
		>= 6 meses: T = N3
	¿Qué prioridad tiene para la Dirección de su compañía adquirir la solución?	Prioridad Alta: T = N0
		Prioridad Media: T = N1
		El *lead* desconoce la prioridad: T = N2
		Prioridad Baja: T = N3
	¿Está este proyecto entre las cinco iniciativas más importantes de la compañía en la actualidad?	Cinco iniciativas más importantes: T = N0
		Diez iniciativas más importantes: T = N1
		El *lead* está en proceso de convencer a los *stakeholders* de la importancia: T = N2
		El *lead* no sabe: T = N3
Timing **Calificación**		T = Promedio de las anteriores calificaciones.

¡Muy Importante!

- El anterior modelo debe ser adaptado a vuestro caso.

- Los promedios son aproximaciones, no promedios matemáticos exactos.

- En la calificación del *BANT* interviene el juicio de una persona, ya que no siempre se obtiene la información completa en el primer momento. El modelo hace la valoración más objetiva y unifica los criterios para juzgar la calidad de los *leads*.

- Los resultados del *BANT* evalúan el trabajo de Marketing. Buenos resultados *BANT* indican un buen *Lead Nurturing*.

Modelo de grupos de priorización según *BANT*

Ya podéis decir que tenéis una calificación del *BANT*, ahora vais a darle uso a dicha calificación para identificar la prioridad de atención de vuestros *leads*. Es decir, la calificación os va a ayudar a dirigir esfuerzos a aquellos *leads* con mayor probabilidad de convertirse en clientes. Esto podéis hacerlo mediante la definición de grupos de prioridad. A continuación, un ejemplo:

Grupo	*VIP*
Prioridad de atención	Máxima
BANT	Son grandes cuentas, aquellas empresas que pueden serviros de referencia vayáis donde vayáis y que tienen valor no sólo por lo que os van a pagar, sino por las puertas que os pueden abrir. ***Budget* promedio= NO.** Las respuestas claves: • Presupuesto alto. • Tamaño de empresa coincidente con nuestro *Target Audience*. • Empresa de referencia en el mercado. Aún sin tener respuesta al rango de presupuesto, las últimas dos preguntas os darán una idea del tamaño de la cuenta. En el caso de los *leads VIP*, puede que os encontréis con *Timing* promedios malos, pero debido a la importancia de la cuenta, obviáis otros parámetros. Cuanto más tiempo pasen viendo vuestros productos, menos tiempo pasarán viendo los de la competencia y para cuando llegue el momento de la decisión, estaréis mejor posicionados que el resto.

Grupo	Alta prioridad
Prioridad de atención	Alta
BANT	Son cuentas que os tenéis que dar prisa en atacar. Pueden clasificarse en este grupo por dos motivos fundamentales: • **Timing N0 o N1.** Tenéis que darnos prisa en atenderles porque la decisión se tomará en un plazo muy corto y eso significa menos costes en tiempo y dinero en acciones comerciales. • **BANTS modélicos.** Califican entre los niveles 0 y 1 en las variables del BANT. Están estupendamente bien cualificados y con altas probabilidades de cierre.
Grupo	Prioridad media
Prioridad de atención	Media
BANT	Son cuentas sobre las que tenéis bastante incertidumbre. Podéis calificar en este grupo, por ejemplo, a: • Leads de los que no tenéis el BANT completo o no es un BANT de calidad. En este caso, la atención del comercial debe enfocarse en mejorar la información de la que se dispone. • Leads con BANTS promedios entre L1 y L2, con mayor preponderancia de variables L2. Esto puede deberse a que no existe suficiente información, no estáis hablando con el interlocutor adecuado (en cuyo caso el esfuerzo del comercial deberá centrarse en obtener acceso a los stakeholders), están en una fase germinal del proyecto (en cuyo caso debéis hacer seguimiento, pero no volcaros en esta oportunidad).

Grupo	Prioridad baja
Prioridad de atención	Baja
BANT	Son *leads* con posibilidades muy escasas de cerrarse como ganados. Aquí podéis incluir a: <ul><li>Presupuestos no coincidentes con vuestro rango.</li><li>*BANT* promedio L3.</li><li>*Leads* sin necesidad clara.</li><li>T > 6 meses.</li></ul>Estos *leads* deberían cerrarse o volver a Marketing. Si debe haber un contacto con el comercial, este debe ser muy exiguo.

Ya le habéis dado un uso concreto a vuestro *BANT*. Sabéis que de acuerdo a él priorizaréis la atención a vuestros *leads*. Pero esta prioridad de atención no sólo significa tiempo de atención, sino también la cantidad de recursos que dedicaréis a dichos *leads*. A continuación, veremos cómo los grupos de prioridad pueden ayudaros a definir los recursos comerciales que invertís en los *leads*.

ASIGNACIÓN DE RECURSOS				
PRIORIDAD	BAJA	MEDIA	ALTA	VIPS
RESPON-SABILIDAD	Marketing	*Inside Sales* / Marketing	Comercial / Consultor	Director Comercial / *Key Account Manager*

PRODUCTO A OFRECER		Producto A	Producto B y C	Producto AAA
RECURSOS	E-mails	E-mails	E-mails	E-mails
	Webinars	Llamadas	Llamadas	Llamadas
		Demo Genérica Online	Máximo 1 Visita presencial (bajo requerimientos, por ejemplo, rango presupuestario > 7.200€) Demo customizada	Máximo 3 Visitas presenciales Piloto
TIEMPO DE RESPUESTA	24 horas	< 4 horas	< 1 horas	Inmediato
MARGEN DE NEGO- CIACIÓN DE PRECIOS		Ejemplo: Hasta un 8% (no requiere autorización) Hasta 10% (requiere autorización)	Ejemplo: 10% (no requiere autorización) Máx. 20% (requiere autorización)	Descuento máximo establecido en las políticas. Puede necesitar autorización de un superior Ejemplo: 30%

En esta tabla podéis incluir todas aquellas restricciones que queráis en relación al proceso de atención de los *leads* de acuerdo a su calificación *BANT*. Os recordamos que esta tabla es una guía bastante aproximada, pero que debéis adaptarla a vuestra estructura, políticas y necesidades.

Modelo de gestión de las etapas de las oportunidades

Si habéis aplicado las dos técnicas anteriores (*Lead Scoring* y *BANT*), deberíais tener una mínima calidad asegurada para los *leads* que pasan a ser atendidos por un comercial.

Una vez aplicado el *BANT*, de cualificar, los *leads* se convierten en *SQL* y comienzan a ser tratados por los perfiles comerciales indicados en su grupo de priorización *BANT*, que dispone de unos recursos y procedimientos estipulados para realizar dicho tratamiento. Por ejemplo, si el *lead* cualifica como *VIP*, sabéis que es un *Key Account Manager* o el propio Director Comercial quien le va a atender de forma prácticamente inmediata y éste perfil, sabe que de requerírselo el cliente, tiene autorizadas hasta tres visitas comerciales, o que puede pedir al equipo técnico que se parametrice y adecúe el producto para mostrarle al *lead* en una demo cómo vuestro producto soluciona su necesidad con sus particularidades (piloto).

En caso de que el grupo de prioridad sea Baja, quien esté haciendo el seguimiento de los *leads*, deberá decidir si devuelve el *lead* a Marketing o permite que el comercial indague más sobre la casuística del *lead*.

Los *leads* cualificados, que son atendidos por el equipo comercial se convierten en "Oportunidades" que irán pasando por distintos estados, como hemos visto con anterioridad. Vamos a centrarnos en los procedimientos a llevar a cabo en dichos estados.

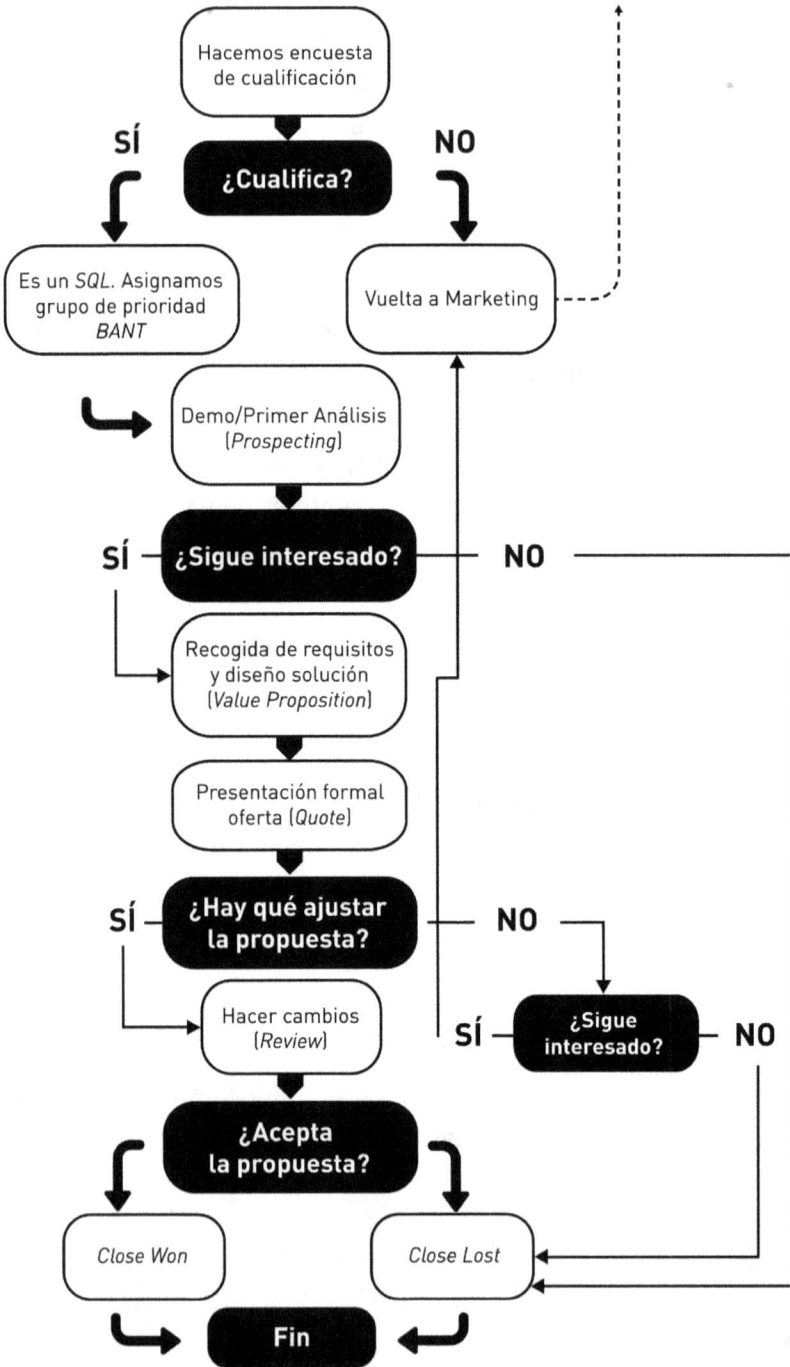

Ilustración 17: Procedimiento de atención a *SQLs* y Oportunidades.

Prospección

Con los *leads* que siguen dentro del proceso comercial, es hora de un primer contacto más directo con el personal de Ventas. Es hora pues de que tengan una primera pequeña reunión *online* o presencial - según su grupo de prioridad *BANT*- en la que:

- El *lead* explica los pormenores de su problema al Comercial/Consultor/*Inside Sales*.

- El Comercial/Consultor/*Inside Sales* ahonda sobre los aspectos desconocidos o no muy claros del *BANT*.

- El comercial muestra a grandes rasgos las posibilidades de la solución para que el cliente se haga una idea más clara de si ésta es una opción o no para él, o para su compañía en el caso de productos *B2B*. Así mismo, el comercial incide en que el *lead* conozca el rango de precios de nuestro producto.

El objetivo de esta primera reunión es que tanto el posible cliente como vuestro comercial, se hagan una idea más o menos clara de si hay posibilidades o no de continuar con el proceso de compra.

Esta fase no debería durar mucho más de una semana y no debería exceder más de una o dos reuniones con el *lead*.

Es importante que esta primera toma de contacto se dé muy cercana en el tiempo a aquellos momentos en los que el *lead* está *Hot*.

Objetivo	Saber si podéis o no hacer negocios juntos.
Duración	No más de dos reuniones.
Tareas	Registrar los datos averiguados en vuestra entrevista con el cliente en el sistema que vuestra empresa tenga destinado para tal tarea. Usualmente, ese sistema será un *CRM*.
Siguiente paso	Recogida de requisitos y diseño de la solución (Propuesta de Valor).

Propuesta de Valor

En esta fase ocurrirán seguramente varias reuniones con el cliente en las que le pediréis información más detallada sobre su problema. Por ejemplo, en el caso de empresas *B2B* que quieren comprar software, averiguaréis si cuentan o no con un documento en el que se expliquen los requerimientos técnicos de la solución. Si no existe tal documento, el comercial tendrá que recoger él mismo los requerimientos. Para este ejemplo, la idea es que junto al *lead*, el representante comercial diseñe la solución que mejor se adapta al cliente, en términos tecnológicos, de compatibilidad y también de presupuesto.

En esta fase, además, suele ampliarse el número de interlocutores. Es vital que en ella consigamos acceso a todas las personas involucradas en la toma de decisión.

Objetivo	Descubrir todos los factores claves de decisión: • Tomadores de decisión. • Requisitos o deseos del cliente. • Rango de presupuesto. • Puntos sensibles que decantarán la decisión, etc. Diseñar una solución que satisfaga los requerimientos del cliente: El comercial deberá encontrar de vuestros productos cuál es el que mejor encaja en la problemática del cliente y si podéis hacer alguna modificación para adaptarlo a sus necesidades (descuentos, financiación, adaptaciones del producto, cambios en los tiempos de entrega, etc.)
Duración	Depende de muchos factores: • Claridad y estado de desarrollo de los requerimientos por parte del cliente. • Tiempo que tardéis en acceder a los *stakeholders*. • Tiempo normal del Ciclo de Ventas en productos como el vuestro. Por ejemplo, el Ciclo de Venta de un seguro dental de 60€ al mes debe ser más corto que el Ciclo de Venta de una empresa *B2B* que vende software con un coste anual de 20.000€. Es recomendable que este proceso no se extienda a más de 2 meses por los costes y retención de recursos que significa tener una oportunidad abierta.

Tareas	• Ingresar en el *CRM* toda la información generada en la interacción con la oportunidad.
	• Crear un documento –que puede ser la propia propuesta económica- que recoja todas las necesidades del cliente. Esto es una buena práctica que os protegerá ante situaciones como tener que cambiar el comercial asignado al cliente.
	• Mantener al tanto de los avances al responsable de la actividad comercial o responsable directo de quien lleva la oportunidad.
Siguiente Paso	Presentación de la propuesta.

Presupuesto/Propuesta/Oferta

En esta fase, plasmáis la Propuesta de Valor en un presupuesto oficial. Esta fase es más administrativa que otra cosa, aunque el comercial debe mantenerse en contacto con el cliente por si existieran factores extras a contemplar en la oferta. En mercados complejos, como el de la consultoría, productos software, ingeniería, etc., suele ocurrir que en el momento de redacción de la propuesta surjan dudas que no habían aparecido en fases anteriores. Por ello es importante seguir en contacto con el cliente mientras se redacta la propuesta.

No se debería tardar más de una semana en presentar una oferta, ya que en teoría, de haberse hecho bien el trabajo en la fase anterior, el comercial ya cuenta con casi la totalidad de la información que necesita.

En proyectos con Ciclos de Venta cortos o donde hay mucha competencia, el tiempo que tardéis en presentar la propuesta puede ser tan determinante como el contenido de la misma.

Para hacer eficiente esta fase, tenéis que optimizar mucho el trabajo del comercial, evitándole cuantas más tareas posibles:

1. Deberíais contar con una plantilla de oferta que ya incluya cosas como vuestros datos, las condiciones del servicio y cualquier factor común a todas las ofertas que realicéis.

2. Deberíais contar con una herramienta que ayude al comercial a construir las ofertas de forma rápida.

3. El comercial debe saber con certeza todos los puntos a incluir en una oferta. Esto se soluciona con la plantilla de oferta, pero también es recomendable contar con un *check-list* que os permita comprobar que la oferta contiene todos los puntos clave y que todas las ofertas que salen de la empresa son homogéneas.

4. Deberíais tener un mecanismo de aprobación de ofertas establecido. Por ejemplo, todas las ofertas deben ser revisadas por un *Key Account Manager* o por el Director Comercial, o, incluso, por personal administrativo. Estos filtros os ayudarán a garantizar la calidad de las ofertas.

5. Deberíais tener definidas con claridad las políticas de facturación y cobros, para que el comercial no tenga que inventar nada a la hora de incluir estos aspectos en la oferta.

Objetivo	La presentación de una oferta que vuestro posible cliente no pueda rechazar.
Duración	Menos de una semana.
Tareas	• Creación de la oferta. • Almacenamiento de la oferta en el *CRM* si éstas no se hacen desde él.
Siguiente Paso	Revisión de la oferta con el posible cliente.

Negociación/Revisión

Una oferta presentada debería ir siempre asociada a una reunión o una llamada para revisar su contenido. El comercial debería enviar su oferta por correo o de forma presencial y decirle al posible cliente "mañana a las 4 de la tarde te llamo para que la revisemos. ¿Te viene bien?".

Las labores del comercial en estas fases son:

- Responder a las dudas del cliente con respecto al presupuesto.

- Identificar junto con el cliente los elementos que podrían ser un impedimento para la aprobación de la oferta.

- Adaptar la oferta con la retroalimentación obtenida por el cliente.

- Presionar al posible cliente para que os dé una fecha estimada para la toma de decisión.

Objetivo	Asegurarse de que el posible cliente esté contento con la propuesta que le habéis presentado y elevar al máximo las posibilidades de que la acepte. Además, el comercial tiene como misión conseguir una fecha estimada de cierre.
Duración	No debería exceder de una reunión. Puede que el posible cliente extienda este proceso, en ese caso, el comercial debe mantener la presión para que la fase de revisión termine cuanto antes.
Tareas	• Reunión con el posible cliente para revisar la propuesta. • Ajustes a la propuesta. • Actualización de la propuesta almacenada.
Siguiente paso	Cerrar la oportunidad como ganada o como perdida.

Cierre de la oportunidad

Una vez que sepáis si la oferta ha sido aprobada o no, una serie de labores administrativas deben realizarse.

Si la oferta se pierde:

1. Dar por perdida la oferta en el *CRM* para que no aparezca en el *Pipeline*. Este paso es importante para que las estimaciones de Ventas del departamento sean reales.

2. Conseguir retroalimentación sobre cuál fue la razón por la que perdisteis este cliente. Esta labor será importante de cara a mejorar y evitar la caída de oportunidades por motivos similares.

Si la oferta se gana:

1. Establecer junto con el cliente y de acuerdo a la disponibilidad de los recursos internos, un calendario de entregas o fecha de entrega del producto. Si os dedicáis a realizar, por ejemplo, vídeos para empresas, la empresa cliente deberá contar con una fecha de entrega del vídeo que deberéis cumplir.

2. Debéis poner en marcha la maquinaria interna productiva para que el cliente cuente cuanto antes con el producto. Esta logística va a depender del producto que vendáis.

3. Debéis poner en marcha la maquinaria administrativa para que se cumplan los hitos de facturación y cobro.

¿Más ayuda con esto?

Sobre la gestión comercial de ofertas a clientes, existe bastante información de calidad. A continuación, os recomendamos algunos recursos de interés:

- *Post*: *"4 Reasons Why Most Sales Proposals Fail & How to Avoid Them"*[16]

- Libro: *"Let's Get Real or Let's Not Play: Transforming the Buyer/Seller Relationship."*

---

16   http://www.montonara.com/blog/bid/316939/4-Reasons-Why-Most-Sales-Proposals-Fail-How-to-Avoid-Them

3.3 Herramientas aplicadas en las Fases de Venta

En este apartado discutiremos algunas de las herramientas que vuestros equipos de Marketing y Ventas pueden utilizar para hacer el proceso de Ventas más eficiente, rápido, fácil y eficaz.

Recordad que las herramientas no son más que eso: herramientas. Éstas ayudan, pero su éxito descansa sobre qué tan bien definidos tengáis los procesos. Una vez que estéis contentos con esas definiciones, sólo hace falta buscar las herramientas adecuadas para que las personas que trabajan con ellas se sientan cómodas y el trabajo se realice de la forma más eficiente posible.

3.3.1 *Marketing Automation Software*

Para las fases del Ciclo de Ventas Conciencia y la fase temprana de Evaluación, vais a necesitar una herramienta tecnológica o varias que os permitan:

- Obtener información de los *leads*.
- Asignar puntajes o *scoring* a los *leads*.
- Nutrir los *leads*.

El software ideal para este tipo de labores es el software de Automatización del Marketing o *Marketing Automation Software*. Estas herramientas software nos permiten llevar a cabo estrategias de *Lead Management*, con el objeto de que estos *leads* reciban la información que necesitan en cada fase del proceso de compra, realicen compras más concienzudas y que vuestro equipo de Ventas no tenga que perder tiempo aportándoles esta información de forma manual.

Este software normalmente unifica:

- Integración con nuestra web.

- *Lead Management.*

- Generación de contenidos y *Lead Nurturing.*

- *E-mail Marketing.*

- Estadísticas de Marketing.

- Integración con sistemas *CRM.*

Existe una selección bastante variada de este tipo de herramientas en el mercado:

- Hubspot.

- Eloqua.

- Marketo.

- Delio.

- Pardot, etc.

Si no podéis hacer una inversión inicialmente en software de este tipo, podéis cubrir mediante diferentes herramientas –muchas de ellas gratuitas- gran parte de la funcionalidad que describimos antes, aunque no toda. Una buena opción sustitutiva, podría ser la siguiente:

- *Sugar CRM* para cubrir parte del *Lead Management.*

- *MailChimp* para la nutrición mediante *E-mail Marketing* y captación de *Leads.*

- *Google Analytics* para obtener algunas métricas importantes de Marketing.

Como veis, mucha otra funcionalidad se quedaría fuera, y tendríais dificultades con la integración de los datos, pero sería una primera aproximación mientras conseguís financiar este tipo de inversiones.

3.3.2 Herramientas para asignar *Lead Scoring*

Como se mencionó en el apartado anterior, el *Lead Scoring* puede ser resuelto mediante una herramienta de Automatización del Marketing.

3.3.3 Herramientas para captar el *BANT*

En cuanto a la recogida de respuestas del *BANT*, existen varias opciones en el mercado que os permitirán hacer encuestas por Internet:

- Formularios de la herramienta de Automatización del Marketing.
- *Google Forms.*
- *Survey Monkey.*
- *PollDaddy.*

3.3.4 *CRM – Customer Relationship Management*

El *CRM* os ayudará a mantener toda la información relevante de la interacción del equipo comercial con la oportunidad. Pero sobre todo, su principal utilidad es que os permitirá obtener informes sobre las previsiones de Ventas gracias a la información que en ella vuelcan los comerciales. Esta información es vital para realizar previsiones de *cash-flow* y planificación de recursos en general.

La herramienta *CRM* debe recibir como insumo los *leads* cualificados (*SQL*) que se hayan generado inicialmente en la herramienta de Marketing o fuera de ella. Algunas herramientas hablan de tener todos los *leads* en el *CRM*, pero esto a nuestro juicio sólo representa ruido en la labor diaria del comercial y debería hacerse sólo en el caso en que contéis con limitaciones presupuestarias como se explica en apartados anteriores. Los *leads* en el *CRM* deberían ser sólo aquellos con los que el equipo comercial haya o vaya a entablar una relación. Nuestra recomendación es que los *leads* que aún no hayan llegado a este estado, deben mantenerse en la herramienta de Automatización del Marketing y ser transferidos en cuanto alcancen el estado *SQL*.

Por suerte, la mayoría de herramientas de Automatización del Marketing ofrecen opciones de integración con las principales herramientas *CRM*.

La interacción con el *lead* deberá recogerse en el *CRM*, pasando por los distintos estados de la oportunidad, así como debe recogerse también dicha interacción mientras constituya un cliente activo de vuestra empresa.

Aplicaciones *CRM* hay muchas en el mercado, por ejemplo:

- *SalesForce.*
- *SugarCRM.*
- *Zoho.*

¡Muy Importante!

Las oportunidades gestionadas por los *partners* también deben estar consignadas dentro del *CRM*, ya que hacen parte de nuestro *Pipeline*.

3.3.5 Herramientas para la generación de propuestas comerciales

Como mencionamos con anterioridad, es importante que la creación de las propuestas se haga de la forma más eficiente posible. La creación de propuestas atractivas y customizables, es un valor añadido a la labor comercial que debéis contemplar.

Además, el uso de estas herramientas permite resolver muchos de los puntos que considerábamos en la sección de procedimientos:

- Disponer de plantillas de oferta que agilicen el trabajo.

- Realización de ofertas homogéneas en estética y estructura.

- Elaboración rápida de propuestas.

Estas herramientas además, facilitan la forma de entrega de las propuestas al cliente, ya que no tendréis que entregarlas en físico ni enviar *e-mails* muy pesados con archivos adjuntos. Estas aplicaciones permiten enviar al cliente un enlace para que visualice la propuesta *online*, la acepte de forma *online*, la pague de forma *online* y que, si así lo desea, la pueda descargar como un *PDF*.

Cuando consideremos la utilización de una de estas herramientas es buena idea contemplar la integración con nuestra herramienta *CRM*, para que nuestros comerciales no pierdan el tiempo digitando datos como los del cliente y para que desde el *CRM* queden accesibles para cada cliente las ofertas que se le han emitido.

Algunas opciones en el mercado son:

- *Quote Roller.*

- *Fresh Books.*

- *Socket.*

3.3.6 *SCRUM SALES*

Las herramientas no tienen que ser tecnológicas únicamente, también existen metodologías que pueden ser aplicadas para mejorar los procesos comerciales.

En este apartado, os presentamos una metodología transversal a las últimas etapas de Evaluación y Compra y que pueden ayudaros en vuestro trabajo diario.

Scrum es una metodología *Agile* para el desarrollo de software y la gestión de proyectos. Sin embargo, debido a lo mucho que ayuda a los equipos a resolver y avanzar coordinados en su trabajo, esta metodología ha sido adoptada, por ejemplo, por muchos equipos de Marketing. Básicamente, *Scrum* nos ayuda a obtener el trabajo hecho, que es una cosa que a veces en Marketing y en Ventas cuesta, porque es difícil realizar un seguimiento de todas las tareas y oportunidades abiertas.

La parte que encontramos más interesante del *Scrum* desde el punto de vista práctico son los paneles *Scrum*, las planificaciones de los *Spring* (un periodo de tiempo en el que se va a sacar un trabajo), los *Daily Scrum* en los que básicamente se hace un seguimiento de lo que se está haciendo, y las gráficas *Burndown*.

Para hacer seguimiento a las oportunidades abiertas que tienen los equipos comerciales, la primera herramienta que os brinda *Scrum* son los paneles o tablones *Scrum.*

Los equipos comerciales deben tener ubicados de forma física sus puestos de trabajo frente al tablón o panel *Scrum*.

Prospección	Propuesta de Valor	Oferta	Negociación	Ganados
Lead 10	Oportunidad 6	Oportunidad 3	Oportunidad 2	Oportunidad 1
Lead 12	Oportunidad 7			
Lead 13	Oportunidad 8			
Lead 14	Oportunidad 9			
Lead 15				
Lead 16				
Backlog	To Do	In Progress		Completed

Ilustración 18: Tablón o panel *SCRUM* adaptado a Ventas.

El tablón no es más que un papel pegado en la pared sobre el que dibujaréis líneas que servirán de límites entre los distintos estados por los que atraviesa una oportunidad. Dentro de esas áreas que habréis dibujado y que representan un estado, se ubicarán las oportunidades y *leads* con los que estéis trabajando. Para representar estos *leads* u oportunidades, se usan *Post-its* escritos con el nombre del posible cliente. Además, el *Post-it* contiene las iniciales del miembro del equipo al que se le ha asignado la oportunidad y cualquier otro dato relevante (llamar esta semana o el cliente está de vacaciones, por ejemplo). Vuestra labor como equipo es conseguir que cada uno de esos *Post-its* avance de izquierda a derecha en el tablón hasta llegar al estado "Ganados". Como ya habréis notado, el panel *Scrum* de Ventas no es otra cosa que la representación del *Funnel* o embudo de Ventas.

Las diferentes divisiones del tablón son:

Prospección: son los *leads* que Marketing ha pasado a Ventas, que cuentan con un *BANT* y con quienes alguien del equipo comercial ya ha tenido un pequeño contacto. Sin embargo, estos *leads* no han pasado a una fase de atención comercial más agresiva.

Este es el estado en el que más *Post-its* vais a tener. Como sois una *start-up* o una empresa pequeñita, tenéis que saber priorizar vuestra atención y los escasos recursos comerciales con los que contáis. De acuerdo a su prioridad *BANT*, debéis tener más o menos claro qué *leads* van a pasar más rápidamente a recibir una atención comercial más dedicada. En el extremo inferior de la columna Prospección del panel *Scrum*, podéis ver la palabra *Backlog*. *Backlog* significa "pendientes" o "trabajo en cola". Esto es porque no podéis atender al mismo tiempo a todos los *SQL* que tenéis. Necesitáis atender primero a aquellos que cualifican mejor y que tienen mayor probabilidad de cierre. Otra característica de los *leads* en este punto, es que es complicado tener una valoración económica clara de los mismos. En esta etapa, sabéis ya que su rango presupuestario encaja dentro del vuestro, puesto que os habéis ocupado de determinarlo con el *BANT*, pero no sabéis exactamente cuánto dinero vale esta oportunidad.

Propuesta de valor: aquí van las oportunidades con las que decidís empezar a trabajar seriamente. Vuestros comerciales deben comenzar ahora un estudio de la necesidad del cliente, reunirse con éste, estudiar los puntos claves de la negociación. Una vez consigan esto, presentarán una solución al cliente que le resulte atractiva a él y a todos los implicados en la decisión de compra, en caso de haber más de uno. Esta es la fase más larga de todas y en la que debéis hacer un esfuerzo grande por no perder de vista cómo van todas y cada una de las oportunidades en este estado. Llegados a este punto, vuestros *Post-its* deben contener una pieza adicional de información que no es otra que un valor monetario muy aproximado de la oportunidad. Si bien, no existe aún una oferta en firme, ya deberíais saber de cuánto dinero estáis hablando. Por otro lado, aunque va a depender de vuestro ciclo particular de Venta, sabéis que vuestros *Post-its* no deberían permanecer en este estado más de 2 meses.

Oferta: entran en este estado todas las oportunidades que están listas para recibir un presupuesto oficial. Es decir, si vuestros comerciales tienen una oportunidad en este estado, se supone que están elaborando una propuesta para este cliente. Por lo tanto, ya podréis asignarles un valor exacto. Además, vuestros *Post-its* deberían abandonar este estado en una semana o menos.

Negociación: cuando movéis un *Post-it* a este estado es porque el posible cliente ya tiene una oferta sobre la mesa. Durante esta fase, la revisaréis en conjunto e incluiréis las modificaciones que hagan falta y que sean razonables para poder hacer negocios juntos. Este estado no debería extenderse por más de dos semanas, aunque esto depende del Ciclo de Venta que tengáis.

Ganados: son los mejores *Post-its* del mundo. Son los que indican que vuestras horas de trabajo han dado su fruto y que, a partir de este momento, podéis hablar de haber conseguido un nuevo cliente.

Si os fijáis, el panel *Scrum* es una representación gráfica de lo que tenéis en el *CRM*. ¿Por qué tenerlo aquí también? Por varias razones:

- Para que de forma visual os podáis hacer una idea rápida del *Pipeline* de la compañía.

- Para que todo el equipo de Ventas esté al tanto del estado de las oportunidades.

- Para que rápidamente podáis detectar oportunidades que se han quedado estancadas.

- Para recordaros a diario vuestras prioridades y trabajo pendiente.

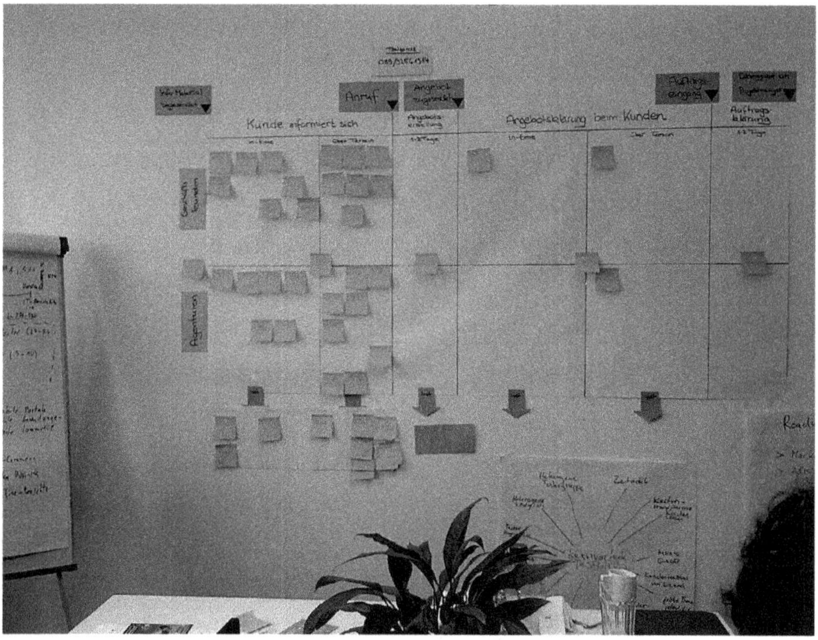

Ilustración 19: Tablón similar a panel *SCRUM* utilizado por una compañía alemana para su planificación comercial.

Con *Scrum*, la información sigue estando en el *CRM*, pero además, el equipo tiene un contacto visual permanente con las oportunidades, y cualquier compañero puede preguntar a otro por una oportunidad que vea en el tablón.

Pero el tablón *Scrum* no sería efectivo por sí solo. Debéis acompañar su existencia con una serie de actividades que sirvan para compartir, divulgar y comentar la información en él contenida. La metodología *Scrum* nos da dos herramientas para ello:

Reunión de planificación del *Sprint* y retrospectiva: el *Sprint* es un periodo de tiempo en el que debemos llevar a cabo una serie de tareas como equipo. Usualmente en los equipos de desarrollo de software, el *Sprint* tiene una duración de dos semanas. Nuestra experiencia es que en Ventas tiene sentido que esta duración sea más pequeña. Nuestra recomendación son *Sprints* de una semana.

Un *Sprint* de Ventas pues, va a recoger todo el trabajo comercial que se desarrolle durante un periodo de una semana. Al comienzo de cada *Sprint*, debe llevarse a cabo una reunión de planificación, en la que se determinan las tareas que se ejecutarán en el transcurso del *Sprint*. Por ejemplo, determinamos qué *leads SQL* dejan el *Backlog* y pasan al estado Propuesta de Valor, o se ponen objetivos de cierre de las oportunidades en Negociación. Antes de llevar a cabo esta planificación, una parte crucial de esta reunión es la realización de la retrospectiva. Durante la retrospectiva se analiza la ejecución del equipo en el *Sprint* anterior, los problemas con los que el equipo se ha encontrado para avanzar y se proponen de forma muy breve formas de superar estos impases. Se revisa así mismo el estado de cumplimiento de los objetivos, que estarán representados en una gráfica de *BurnDown* de la que hablaremos más adelante.

Reuniones de *Daily Scrum*: la idea con *Scrum* es conseguir un seguimiento más eficaz de las oportunidades, por eso no sería bueno tener que esperar una semana para saber los avances del equipo. Con este sentido se inventaron los *Daily Scrum* o reuniones de *Scrum* diarias. En estas reuniones se comenta brevemente el avance de las oportunidades y se detectan problemas que pueden ser solucionados.

Tanto las reuniones diarias como la reunión de planificación y retrospectiva se caracterizan por ser reuniones cortas. Para conseguir esto, deben llevarse acabo de pie y con tiempos estrictos por miembro del equipo para comentar sus avances. Usualmente, estas reuniones se llevan enfrente a un tablón *Scrum*.

Además de las reuniones y del panel *Scrum*, debe existir un método más objetivo y cuantificable para medir el avance y los resultados del equipo de Ventas. Esta herramienta se conoce como la gráfica de *Burndown*.

Gráfica de *Burndown:* esta gráfica representa de forma cuantitativa vuestros objetivos de Ventas y lo que os falta para llegar a su cumplimiento. Para construir una gráfica de este tipo, es necesario primero fijar objetivos de Ventas. Por fortuna, ya hemos llevado a cabo la mitad del trabajo valorando las oportunidades en nuestro tablón *Scrum*. La gráfica de *Burndown* se realiza por mes y recoge aquellas oportunidades que pueden cerrarse durante dicho mes.

Vamos a poner un ejemplo, siguiendo con los datos que teníamos en el panel *Scrum*. Pero vamos a dar más contexto al ejemplo. Imaginemos que somos una empresa que vende software a otras empresas, que tenemos varios productos y que estos varían en precio. Tenemos un ciclo largo de ventas y no generamos mucho volumen de oportunidades, pero las oportunidades tienen un valor elevado.

Volviendo al tablón. Se supone que las ofertas a partir del estado Propuesta de Valor ya cuentan con una estimación económica, así que vamos a añadírselas, pero sólo vamos a tener en cuenta los estados Oferta y Negociación, ya que podemos cerrar estas oportunidades en el transcurso del presente mes. Recordad que, idealmente, en el estado Oferta las oportunidades sólo se quedan una semana, y en el estado Negociación dos semanas, mientras que en el estado Propuesta de Valor las oportunidades se pueden quedar más de dos meses (dependiendo del tipo de Ciclo de Venta). Esta es la razón por la que sólo tenemos en cuenta esos últimos dos estados antes de Ganadas.

Prospección	Propuesta de Valor	Oferta	Negociación	Ganados
		Oportunidad 3 = 20K	Oportunidad 2 =30K	
Backlog	*To Do*	*In Progress*		*Completed*

De acuerdo con este tablón, este mes podemos cerrar 50.000€. Sin embargo, tenemos que contemplar que cualquiera de estas oportunidades se puede caer o su valor final puede modificarse durante la negociación con el cliente. Los equipos de trabajo, deben acordar el porcentaje de este montante que quieren tomar como objetivo. Este porcentaje debe estar siempre entre un 75% y un 90%. Es decir, si nuestro equipo decide que va a trabajar con un porcentaje de cierre del 75% por mes, podemos decir que nuestro objetivo de ventas para este mes es de 37.500€.

Una vez con nuestro objetivo, vamos a montar nuestra gráfica ejemplo de *Burndown*. Lo primero que tenemos que hacer, es completar una tablita como la que sigue:

Mes	Octubre
Días laborables	23
Objetivo de Ventas	37.500€
Objetivo diario de ventas	1630,50€

Una vez que tenemos estos datos, podemos hacer una progresión y plasmarla en una gráfica.

Burn Down

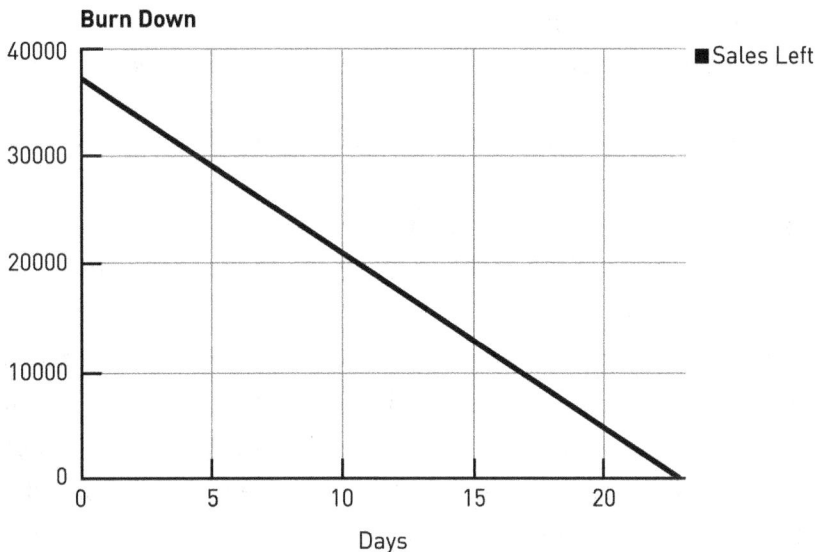

Ilustración 20: Gráfica de *Burndown.*

En un principio, la interpretación de la gráfica parece compleja, pero no lo es. En el eje Y está el dinero que necesitamos vender y en el eje X los días laborables del mes. La idea de este gráfico es mostrar lo que nos queda por vender. Así, en el día 0 (el día que hacemos la planificación) nos quedan 37.500€ por vender, y en el día 23, nos debería quedar 0€ por vender. Ya que debemos vender 1.630,50€ cada día, el día 10 del mes, debería quedarnos por vender 21.195,70€. La línea diagonal que veis en el centro no significa otra cosa que la situación ideal. Esta línea por supuesto tendría mucho más sentido si todos los días pudiésemos vender una fracción de nuestros objetivos, pero para el ejemplo que hemos puesto sabemos que no va a ser así. Sin embargo, la línea representa una situación idónea, por eso ésta línea nos servirá como referencia.

En el ejemplo utilizado, sólo tenemos dos ofertas que se van a cerrar y que esperamos que se cierren al menos en un 75% del valor que inicialmente hemos estimado. Esto tiene sentido si pensamos por ejemplo, que las ofertas están en fase Negociación y que el precio que inicialmente valoramos puede variar.

Supongamos que el día 5 conseguimos cerrar la Oportunidad 2 que se encontraba en fase Negociación. Pero sólo hemos conseguido cerrarla por 27.000€, así que a día 5 nos queda aún por vender 10.500€, lo que está genial porque para el día 5 todavía deberían quedarnos por vender 29.347,80€. El día 15 de mes además, conseguimos cerrar la Oportunidad 3 que se encontraba en estado Oferta cuando hicimos la planificación del mes y aunque la cerramos por menos de lo previsto, conseguimos 13.000€ que nos dan incluso para superar el objetivo en 2.500€. Con estos datos, tendríamos una gráfica de *Burndown* como la que sigue.

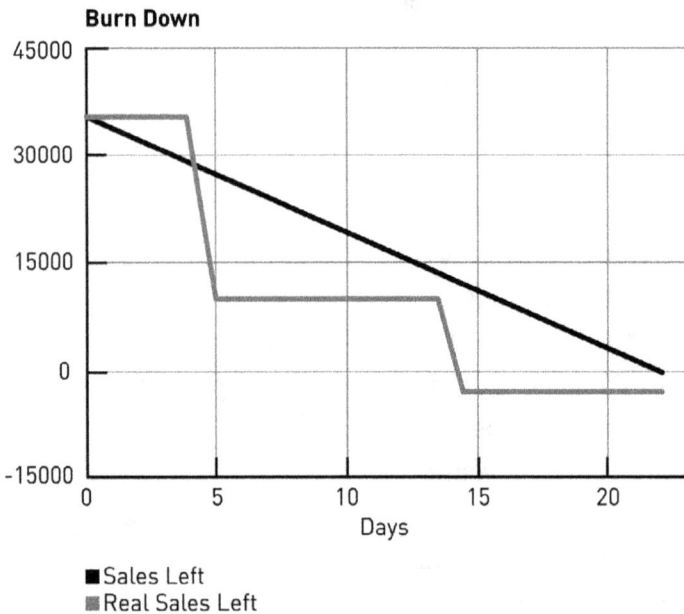

Burn Down

Ilustración 21: Gráfica de *Burndown* con ejemplo de datos reales.

La línea diagonal es lo que sería lo ideal si todos nuestros productos costasen lo mismo y pudiésemos despiezar las Ventas en la misma cantidad día a día. La línea escalonada es nuestro desempeño real, ya que vendemos para el caso del ejemplo, nuestros objetivos de Ventas dependen exclusivamente de dos oportunidades de un precio elevado. ¿Cómo podéis interpretar la gráfica? Muy fácil:

- Debajo de la línea diagonal: bueno.
- Por encima de la línea diagonal: malo.

En el ejemplo, los primeros cuatro días que no habíamos vendido nada, nuestra línea se encontraba por encima de la diagonal, pero el día 5 conseguimos avanzar bastante en la consecución de nuestro objetivo, incluso mucho más de lo previsto.

En síntesis, si nuestra línea se encuentra por debajo de la diagonal significa que estamos cumpliendo los objetivos, si por el contrario, nos encontramos por encima de la línea diagonal, significa que tenemos que mejorar.

Las gráficas *Burndown* se utilizan durante las reuniones *Scrum* y os ofrecerán una idea clara de cómo vais y del desempeño del equipo a nivel de objetivos de Venta. Vuestro trabajo diario como miembros del equipo será enfocar todas vuestras energías en que vuestra línea de desempeño se mueva por debajo de la línea de lo ideal.

Os dejamos los datos utilizados para construir la anterior gráfica, por si aún tenéis dudas.

Días Transcurridos	Objetivo Ideal de Ventas Pendiente	Objetivo Real de Ventas Pendiente	Ventas
0	37500	37500	0
1	35869,56522	37500	0
2	34239,13043	37500	0
3	32608,69565	37500	0
4	30978,26087	37500	0
5	29347,82609	10500	27000
6	27717,3913	10500	0
7	26086,95652	10500	0
8	24456,52174	10500	0
9	22826,08696	10500	0
10	21195,65217	10500	0
11	19565,21739	10500	0
12	17934,78261	10500	0
13	16304,34783	10500	0
14	14673,91304	10500	0
15	13043,47826	-2500	13000
16	11413,04348	-2500	0
17	9782,608696	-2500	0
18	8152,173913	-2500	0
19	6521,73913	-2500	0
20	4891,304348	-2500	0
21	3260,869565	-2500	0
22	1630,434783	-2500	0
23	0	-2500	0

Esperamos que con este ejemplo os hayan quedado claras todas las herramientas de la metodología *Scrum*. Recordad que, además de las ventajas mencionadas, el *Scrum* mejora la comunicación del equipo comercial y ayuda con la gestión de las oportunidades que llevan los *partners*, a las que a veces (dado que no hay un contacto permanente con ellos) es muy difícil seguir la pista.

Scrum es un método barato y sencillo para mejorar el trabajo en equipo y para hacer seguimiento a la labor comercial diaria.

¿Más ayuda con esto?

A continuación, os ofrecemos una serie de recursos que podrán ayudaros a decidiros y aprender más sobre las herramientas que hemos comentado en esta sección:

1. *Post:*Software de Automatización de Marketing ¿Qué es?[17]

2. *Post:*Software de Automatización de Marketing ¿Qué Pedirle?[18]

3. *Post:*Software de Automatización de Marketing ¿Qué Opciones Tengo?[19]

4. Blog:*"Developing Sales"*[20]

17   http://wildwindmarketing.com/2014/01/15/software-de-automatizacion-de-marketing-que-es/
18   http://wildwindmarketing.com/2014/01/28/software-de-automatizacion-de-marketing-que-pedirle/
19   http://wildwindmarketing.com/2014/02/23/software-de-automatizacion-de-marketing-que-opciones-tengo/
20   http://www.developingsales.com/blog/2014/03/agile-sales-scrum-for-sales-management.html

3.4 Definición y perfiles del equipo en cada fase

En esta sección queremos aclarar la función de algunos de los perfiles comerciales que podéis utilizar para poner en marcha vuestra estrategia. La idea de introducir esta sección nace porque es frecuente que en el sector nos encontremos con una jerga de reciente creación y difícil de entender, que queremos desmitificar.

En el apartado de *BANT*, ya adelantábamos parte del desarrollo de este punto cuando hablábamos de las responsabilidades con respecto a la atención del *lead* según su grupo de prioridad. Concretamente, mencionábamos tres roles comerciales:

- *Inside Sales.*
- Comercial.
- *Key Account Manager.*

En esta sección también veremos la función del *Business Developer* cuyas responsabilidades son claves para el crecimiento del aparato comercial en muchos casos.

Los perfiles aquí descritos son la estructura que utilizaríamos en un caso "ideal". De no contar con los recursos o en caso de que queráis ir aumentando el tamaño del departamento de Ventas de forma gradual, podéis ver estos perfiles como roles que pueden ser asumidos por los miembros actuales del equipo.

3.4.1 *Inside Sales*

El *Inside Sales* es un perfil de apoyo a las ventas que se caracteriza porque no se desplaza de la oficina. Este perfil suele generar costes inferiores a los generados por un comercial de a pie de campo. Lleva a cabo la atención del *lead* por vías telemáticas, tales como el teléfono o el *e-mail*.

El *Inside Sales* **puede ser un rol y no necesariamente un perfil fijo** con el que contéis.

La Clave del *Inside Sales*
Es el primer nivel de atención al *lead* y su trabajo es el de obtener información sobre la calidad del *lead* y direccionarlo hacia quien debe atenderle.

A continuación definimos las principales características de este rol.

Rol: *Inside Sales*	
Responsabilidades	Perfil
• Atiende en primera instancia los *leads* que contactan con vuestra empresa. • Atiende y contacta a los *leads* que arrojan el *Scoring* mínimo en los casos en los que no tenéis suficientes *leads*. • En ambos casos, tiene como responsabilidad obtener el *BANT* de los *leads*. • Atiende a los *leads* de grupo de prioridad media. • El *Inside Sales* puede cerrar oportunidades con prioridad media o cualificar estos *leads* para que pasen a un grupo de prioridad más alto para pasarlos a un perfil más comercial. • Hace seguimiento a los *leads* que ha distribuido al resto del equipo.	• Persona muy metódica, capaz de organizar el trabajo. • Persona con capacidades orales y escritas impecables. • Persona con mucho sentido común. • Conoce el producto, aunque no a un nivel muy técnico. • Conoce dónde está la información que responde a las preguntas de los *leads*. • Su trabajo es en buena parte administrativo, pero al mismo tiempo, requiere muchas habilidades sociales, ya que está en contacto directo con posibles clientes. • Los idiomas son importantes para este perfil si operáis en mercados internacionales.

- Es el eslabón de unión entre el equipo de Marketing y el de Ventas. En algunas empresas este perfil es parte del departamento de Marketing, en otros casos, del departamento de Ventas.

- Organiza y coordina las citas de primer contacto entre *leads* y equipo comercial.

- Responde a las preguntas iniciales de los *leads*.

Si entran *leads* por el canal *online* directo, es responsabilidad del *Inside Sales*, responder a sus preguntas y captar el *BANT*. Si por el contrario, no tenéis suficiente cantidad de *leads*, mientras se soluciona este problema, el *Inside Sales* contacta con los *leads* que presentan un *Scoring* mínimo y averigua su *BANT*. Si no consigue el *BANT* de un *lead*, deja que Marketing le siga tratando. En caso contrario, el *Inside Sales* asigna el grupo de prioridad y deriva el *lead* siempre y cuando éste sea de prioridad alta o *VIP*. En caso de prioridad baja, deja que el *lead* siga siendo tratado por Marketing. En caso de prioridad media, se asigna a sí mismo la responsabilidad de dicha oportunidad.

A continuación, se describe el flujo de trabajo de la función de *Inside Sales* mediante un diagrama de flujo.

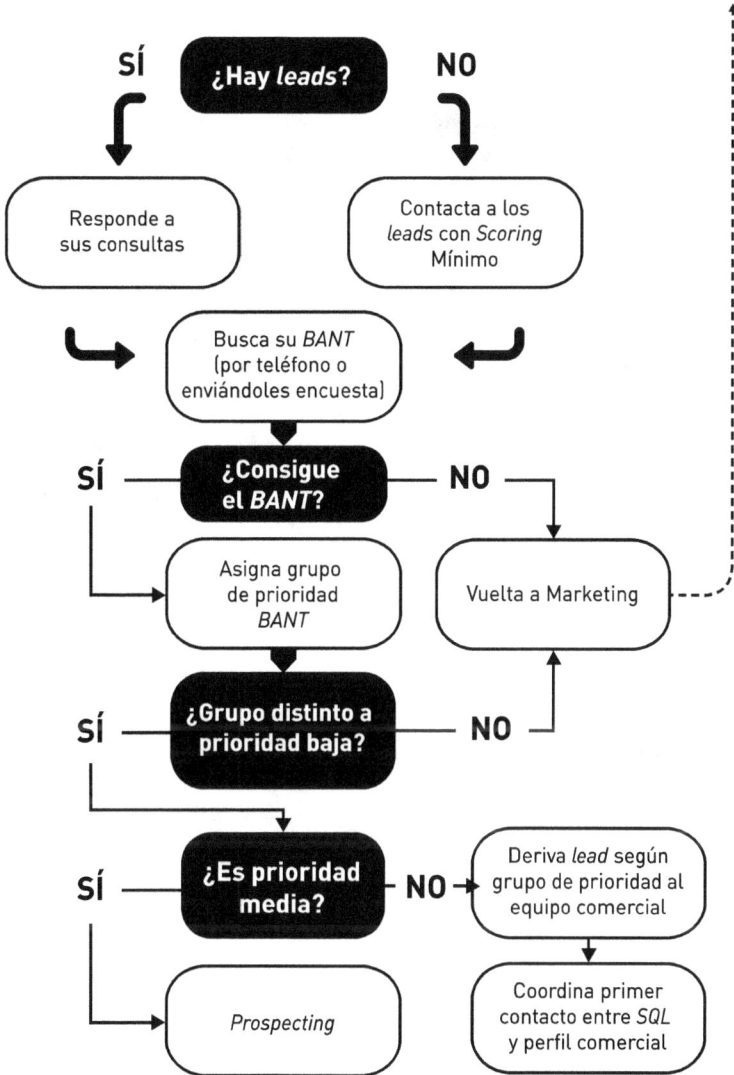

Ilustración 22: Función de *Inside Sales*.

El perfil del *Inside Sales* aporta orden a la conexión entre Ventas y Marketing.

3.4.2 Comercial o Representante de Ventas

Este perfil se va a encargar de los *leads* de grupo de prioridad alto, así como de generar de forma activa nuevas oportunidades para nuestra empresa.

Rol: Representante de Ventas	
Responsabilidades	Perfil
• Atiende y cierra Ventas que le sean asignadas.	• Habilidades para la venta y la negociación.
• Hace seguimiento de los clientes actuales: Se asegura de la satisfacción del cliente, gestiona renovaciones, realiza Ventas tipo *cross-selling* y *upselling* en su cartera de clientes.	• Persona con capacidades orales y escritas impecables.
	• Habilidades sociales excepcionales ya que está en contacto directo con los clientes.
• Busca clientes de forma autónoma (puerta fría).	• Conoce el producto y su mercado en profundidad así como todas las políticas de venta y atención al cliente.
• Escucha activamente a los clientes y el mercado para detectar nuevas necesidades y tendencias.	• Conoce las soluciones de la competencia.
• Presenta informes sobre su actividad.	• Los idiomas son importantes para este perfil.
• Genera ofertas.	• Una persona metódica y con habilidades de autogestión y gestión del tiempo.
• Plasma el control y seguimiento de sus *leads* y clientes en la herramienta que la empresa tenga destinada para ello.	

A continuación se describe la operativa de un Comercial o Representante de Ventas:

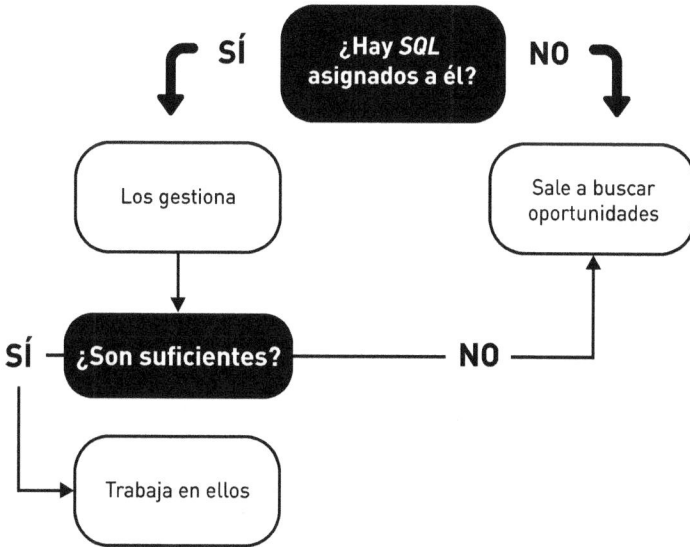

Ilustración 23: Función del Representante de Ventas.

El Comercial es un perfil que necesita que el departamento cuente con procedimientos definidos, de modo que las negociones con clientes se mantengan dentro de los marcos que ha definido la compañía.

3.4.3 *Key Account Manager*

Este perfil es el responsable de gestionar las cuentas clave para la organización. Además, esta función dará un apoyo técnico al resto de perfiles comerciales, dada su experiencia y conocimientos del mercado y producto.

Rol: *Key Account Manager*

Responsabilidades	Perfil
• Gestiona las oportunidades de grupo de prioridad *VIP*.	• Habilidades sociales excepcionales con alta orientación al cliente.
• Gestiona de forma integral la cuenta: coordina todas las actividades que la empresa realiza con el cliente.	• Experiencia y habilidades de negociación con grandes cuentas.
• Realiza funciones post-venta.	• Orientación a la resolución de problemas internos (relacionados con la gestión de la cuenta) y del cliente.
• Da apoyo técnico al resto del equipo comercial.	
• Puede tener perfiles comerciales a su cargo.	• El *KAM* sabe cómo gestionar cuentas clave. Conoce bien la gestión del *CRM* y usa estos conocimientos para ofrecer un servicio de calidad al cliente.
• Se diferencia del perfil de Representante de Ventas por tener un conocimiento mucho más técnico y profundo del producto.	• Conoce en profundidad el producto y el mercado.
• Debe ser interlocutor con los perfiles técnicos y con poder de decisión del cliente.	• Conocimiento técnico del producto.
	• Extenso conocimiento a nivel de negocio del mercado en el que trabaja (necesidades, competencia, posibles soluciones para los clientes, etc., conocimiento de las funciones de Marketing y Ventas, etc.)

3.4.4 *Business Developer*

Este perfil es el encargado de desarrollar la red de *partners* y la búsqueda de nuevas oportunidades de negocio.

Rol: *Business Developer*	
Responsabilidades	Perfil
• Planificación estratégica de la red de *partners*.	• Conoce en profundidad su cliente, canales y mercados.
• Definición y captación de nuevas oportunidades de *partners*.	• Pensamiento lateral: búsqueda de mayor efectividad y optimización del desempeño y detección de oportunidades subyacentes.
• Gestión y explotación de la cartera de *partners* a desarrollar.	
• Representación comercial.	• Alta capacidad de análisis.
• Búsqueda y cierre de acuerdos y alianzas estratégicos para el crecimiento del negocio.	• Altas habilidades de relaciones públicas.
	• Altas habilidades de negociación.
• Gestión de políticas y acuerdos de *partnership*.	• Los idiomas son importantes para este perfil.

El *Business Developer* puede ser un rol y no necesariamente un perfil. De hecho, en empresas pequeñas, esta labor puede asumirla el propio *CEO*, un Director de Ventas o un *CMO*. Otra opción disponible es la de externalizar este rol.

3.5 Políticas Comerciales

A nivel comercial deben existir documentos con una función clara: la de definir las reglas del juego. Estos documentos son conocidos como las Políticas Comerciales y os van a ayudar a definir y difundir los marcos de trabajo dentro de los que tendrá que trabajar el equipo comercial y que deberán ser aplicados en la atención al cliente y la gestión de oportunidades.

Estas políticas son las siguientes:

- **Política de Precios y Descuentos:** habrá que dotar a la red comercial de las herramientas necesarias para llevar a cabo una negociación y cierre de la venta definiendo los precios por producto y servicio y los descuentos que se pueden aplicar. Una especificación objetiva de estos términos ayudará a que tanto comerciales como *partners* puedan trabajar con autonomía y agilidad.

- **Política de Facturación, Cobros e Impagos:** otro elemento clave para la buena marcha de la actividad comercial, es la definición de los plazos de facturación, formas de pago y gestión de impagados. Nuevamente, la red comercial debe conocer sus límites de negociación en concordancia con la salud financiera de la empresa.

- **Política de Contratación:** esta política hace referencia a las formalidades a seguir en todo proceso de contratación así como a los estándares de calidad que deben seguirse en la presentación de propuestas definiendo la documentación necesaria que el departamento comercial debe entregar al cliente. En negocios *SaaS* un aspecto clave a definir aquí es cuánto tiempo necesitamos que el cliente se quede con nosotros.

- **Política de *Partners*:** el equipo de ventas trabajará conjuntamente con la red de *partners* que debe conocer y aplicar las políticas que se hayan definido respecto a la relación y operativa de trabajo que permitirá a vuestra empresa y a sus socios estratégicos alcanzar los objetivos compartidos.

A continuación, os contamos en detalle los aspectos clave que debéis definir dentro de las Políticas Comerciales.

3.5.1 Política de Precios y Descuentos

En este epígrafe vamos a ver las políticas mínimas de precios y descuentos que deben definirse. El precio es una parte importante de vuestra Propuesta de Valor y será clave en la percepción que los posibles clientes tengan de vuestra oferta.

Precios de Posicionamiento

Los precios de posicionamiento son precios de referencia, que situarán vuestro producto en un rango de precios en la mente del consumidor. De acuerdo a cómo os vayáis a posicionar respecto a vuestros competidores en la matriz de Océanos Azules y a cuál sea vuestro público objetivo os situaréis, por ejemplo, como la opción más económica del mercado, la más cara, o en línea con otros proveedores. Lo importante es tener claro por qué "esos" son vuestros precios. Por ejemplo, ofrecéis un estándar de funcionalidades o prestaciones del producto al mejor precio y queréis llegar a un público generalista, o sois los más caros porque vuestro producto es exclusivo o de calidad superior al resto y aprovecháis el efecto *snob*[21], o bien seguís a la industria en precios porque el valor que aportáis es la cercanía al cliente.

---

21   Efecto *snob*: en Microeconomía se conoce como la preferencia que un consumidor tiene por un producto que sabe que no está al alcance de todos los consumidores y lo disfrutará en exclusiva perteneciendo a un grupo selecto de "propietarios" del producto.

Estos precios de posicionamiento no tienen por qué ser precios finales, pero de ellos parte la negociación con el cliente en caso de haberla. Y deben estar accesibles a la vista de los *leads* o posibles clientes. Si recordáis cuando en el capítulo del *BANT* hablábamos de rangos de precios, podéis asemejar vuestros precios de posicionamiento al límite superior de vuestro rango de precios.

Dos elementos clave que debéis tener en cuenta a la hora de fijar vuestra escala de precios son:

- Captación.
- *Upselling.*

Para vosotros lo más importante siempre debe ser captar al nuevo cliente. Que el cliente pruebe vuestro producto. Y, por ello, debéis definir un producto y precio para cada tipo de cliente que hayáis identificado en las fichas del principio del libro. Vuestra oferta en precio y características debe satisfacer la necesidad de cada grupo de clientes.

Después, si al cliente le gusta lo que tiene, la forma en la que habéis planteado el producto y la estrategia de precios, habrá un gran número de posibilidades de que este cliente suba niveles en vuestra escala de precios y acceder a más productos.

Otros Precios

Además de los precios por acceso al producto, en la política de precios debe definirse el precio de todos los servicios asociados al producto y en términos generales, de cualquier cosa que vendáis.

Descuentos

Es necesario definir una horquilla de precios que a través de descuentos os permita ser flexibles dentro de vuestro umbral de rentabilidad para llegar al mayor número de clientes posible. Los precios con descuentos no deberán superar nunca el límite inferior de vuestro rango de precios.

Ejemplos de estos descuentos se han definido en la tabla de asignación de recursos de acuerdo al grupo de prioridad *BANT*. Es importante que estos descuentos estén asignados al tipo de producto, dado que cada producto tiene su precio y a que los recursos comerciales asignados tampoco son coincidentes en cada producto o grupo de prioridad.

También debemos definir los descuentos máximos a permitir a los comerciales y los procedimientos a seguir en caso de que esos descuentos deban ser superados, por ejemplo:

Ejemplo tabla de descuentos máximos	
Producto	**Porcentaje**
Licencias	30%
Servicios profesionales	Descuento máximo del 30% para antiguos clientes durante 201X.
Soporte	25%

Los descuentos superiores a la estructura anteriormente mencionada suponen la aprobación por parte del *CEO* y el estudio de rentabilidad del departamento de Administración y Finanzas.

Nuestra recomendación, no obstante, es ligar estos descuentos a los productos y grupos de prioridad tal y como se hacía en la tabla de asignación de recursos.

3.5.2 Política de Facturación, Cobros e Impagos

Hasta la firma del contrato, no podéis decir que hayáis captado un nuevo cliente, de forma que debéis seguir cuidando cada aspecto que influya en la negociación y no dejar lugar para la improvisación. Así, en la negociación de un contrato, el comercial deberá tener en cuenta una serie de criterios de facturación, cobros e impagos previamente definidos, que además ayudarán a mejorar la experiencia de compra del cliente puesto que conocerá cómo se desarrollará cada fase del proceso de compra.

Veamos algunos puntos importantes a la hora de definir vuestra política de Facturación, Cobros e Impagos:

Facturación y Cobros

Para el equipo comercial, hablar con el cliente de fechas de cobro no resulta fácil. Acabáis de poneros de acuerdo con el cliente en cuanto a características del producto y precio, y un error en esta fase tan avanzada de la negociación puede ser letal, y muy costoso.

De modo que recomendamos, estandarizar y ser lo más transparentes posible en cuanto a vuestra política de Facturación y Cobros. Debéis incluir esta información desde el principio en vuestra propuesta. Por varias razones:

El cliente sabe a qué atenerse: los productos no tienen el mismo precio si hay que pagarlos al contado que si se financian. Si vuestra política de facturación es siempre al contado, no esperéis al último momento para decirlo porque es posible que el cliente ya no se eche atrás después de todo el trabajo que habéis hecho conjuntamente para encontrar una solución a su medida, pero agriará su sabor de boca respecto a la transparencia de vuestros procesos.

Facilitar la labor comercial: si están claros los límites dentro de los cuales vuestros comerciales se pueden mover, éstos podrán trasladar dichas condiciones de trabajo al cliente con mayor seguridad y rapidez. Al fin y al cabo, los comerciales se suelen mover negociando a dos bandas, con el cliente a favor del beneficio de la empresa, y con la empresa para satisfacer al cliente y no perder una venta.

Mantener la rentabilidad de la empresa: nadie quiere perder una venta porque en el último momento no os ponéis de acuerdo con el cliente en la forma de pago. Pero nuestra experiencia nos demuestra que no se puede vivir en la excepción. Vuestra empresa tiene facturas y nóminas que pagar y será inviable que cobréis a 90 días y tengáis que hacer frente a pagos a proveedores a 30 días. Definid políticas de Facturación y Cobros que no asfixien la financiación de vuestro negocio. Una venta que "os cueste el dinero" no os va a arruinar, diez puede que sí.

OK, ahora que ya tenéis claro que debéis tener una Política de Facturación y Cobros veamos algunos ejemplos de los puntos que debéis definir. Son ejemplos porque en cada modelo de negocio hay que tener en cuenta distintos condicionantes:

- Periodicidad, fechas de facturación y financiación de los pagos.

- Si las fechas de pago están asociadas a algún tipo de entregable o si brindáis el servicio sin recibir adelanto alguno.

- Formas de pago, etc.

- Quién asume, y en qué porcentaje, gastos bancarios o cambiarios.

Antes de terminar con este tipo de políticas, nos gustaría detenernos en el tema de los servicios profesionales, ya que suele ser difícil para las empresas que prestan servicios estandarizar y aclarar esta serie de aspectos.

Por su naturaleza *onDemand*, para la facturación y cobro de servicios profesionales, habrá que definir una serie de hitos estándar que recojan el porcentaje del total a liquidar en cada hito y sus correspondientes vencimientos máximos.

Aplicamos esta metodología en nuestras propuestas, y un ejemplo puede ser el siguiente:

- *Formalización del contrato: 50%.*

- *Hito Intermedio: 25%.*

- *Finalización del Proyecto: 25%.*

En servicios profesionales es muy importante que consigáis cobrar lo máximo posible antes de iniciar los servicios. El caso ideal, podría ser cobrar los servicios profesionales por adelantado. Esto es así porque la prestación de servicios está ligada a muchos factores que no están bajo el control de vuestra compañía y que pueden afectar las previsiones de *cash-flow*.

A pesar de tener perfectamente definida la Política de Cobros y Facturación, pueden darse situaciones excepcionales en las que el equipo de Ventas también necesite saber cómo proceder o a quién recurrir. Por ejemplo: *cualquier escenario distinto al descrito en apartados anteriores deberá consultarse con el CFO*[22] *de la empresa.*

---

22   *CFO: Chief Financial Officer* o Director Financiero.

Gestión de Impagos

Desafortunadamente, por muy bien definida y ejecutada que esté vuestra Política de Facturación y Cobros, de vez en cuando se dan situaciones de Impago.

Para estos casos, debe haberse definido un plan B a aplicar conjuntamente por el departamento Comercial y el Administrativo y que habrá de recoger:

- Recargos a aplicar al cliente consecuencia de la situación de impago.

- Medidas preventivas como cese en la prestación del servicio o cambio de la forma de pago (prepago, por ejemplo).

- Posibilidades de negociar o no los impagos y condiciones.

- Si existe póliza de seguro frente a impagos o no, cuantías que se pueden auto asegurar, plazos y procedimientos para declarar siniestros.

- Procedimientos a seguir ante impagos reiterados en los que se decide dejar de trabajar con el cliente.

3.5.3 Política de Contratación

En la fase de contratación deben seguirse una serie de formalidades y estándares de calidad en la información que se hace llegar a vuestro nuevo cliente. Estas formalidades a nivel administrativo cierran la venta y establecen una relación formal con ese nuevo cliente.

Como comentábamos antes en el apartado de Política de Facturación y Cobros, nada debe dejarse a la improvisación, de modo que también habrá que definir qué pasos y actividades han de realizarse en la fase de contratación. Algunas de ellas pueden ser las siguientes:

- El Departamento Comercial es responsable de que se entregue al cliente una propuesta consistente en todas sus partes y que maximice vuestro beneficio al tiempo que el de vuestro cliente.

- El Departamento Comercial es responsable de que el proyecto que se entrega al cliente tenga toda la documentación necesaria.

- El contrato de Venta debe estar firmado por ambas partes y localizable, antes del inicio de cualquier actividad.

Por otro lado, en compañías de modelo *SaaS* hay variables que deben tenerse en cuenta en la Política de Contratación. Una de las más importantes a nuestro juicio es:

"¿Cuánto tiempo necesitáis que se quede un cliente con vosotros para recuperar lo que habéis gastado en captarlo?

Es decir, necesitáis saber cuántos meses como mínimo os deben contratar para que el cliente sea rentable para vosotros y recuperéis lo que habéis invertido en captarlo o lo que se conoce como *Customer Adquisition Cost (CAC)*.

Supongamos que en promedio gastáis en acciones de Marketing 1.500€ para captar a un nuevo cliente. Y vuestro producto cuesta 500€/mes. Pues bien, sabéis que para recuperar este *CAC* se tienen que quedar con vosotros tres meses como mínimo. En este caso, deberíais incluir una cláusula de permanencia de 3 meses en el contrato de ese producto.

CAC = Gastos de Marketing y Ventas por un periodo X de tiempo / Número de nuevos clientes en el mismo periodo de tiempo.

3.5.4 Política de *Partners* y otros Colaboradores Externos

Desarrollar una red de *partners* no es una condición *sin ecua non* para llevar a cabo el lanzamiento de un producto, tecnológico o no.

Si bien, cuando comenzáis, lo normal es que no tengáis una infraestructura muy grande que os permita abarcar vuestros mercados objetivo, de forma que si vais a hacer un esfuerzo en Marketing Digital, también es recomendable pensar en desarrollar una red de colaboradores que os permita llegar a un mayor número de posibles clientes y os aporte esa infraestructura que os falta.

En este sentido, tenéis que ver al *partner* como el primero de vuestros clientes. Y al igual que desde el principio insistimos en la vital importancia de conocer y definir quién es vuestro cliente, también ahora insistimos en que conozcáis a vuestros *partners* y defináis todas las reglas de juego que van a mediar en vuestra relación de *partnership*.

Pero, ¿por qué es tan importante definir exhaustivamente la relación que vais a tener con los colaboradores? La mayoría de vosotros habrá pensado *"bueno ya lo iremos viendo"*. Lo cierto es que existen algunas razones de peso:

Trabajar con *partners* os supondrá una inversión en esfuerzos comerciales y técnicos. Y dado que no vais a tener ni un recurso que se pueda desaprovechar, más os vale conocer bien cómo y a través de quién queréis comercializar vuestros productos a fin de no perder ni tiempo ni dinero, o lo que es lo mismo, clientes.

El *partner* os representa. Si no os detenéis un momento a estudiar quién queréis que sea vuestra imagen frente al cliente, corréis el riesgo de hacer llegar a vuestros posibles clientes un mensaje erróneo sobre quién sois, qué hacéis y cómo lo hacéis.

Buscáis *partners* para vender más. Esto que parece de Perogrullo, a veces se pasa por alto. El éxito de vuestra red de *partners* es también vuestro éxito. Si no elegís cuidadosamente con quién trabajar, y encontráis quién se implique y os aporte una buena cartera de clientes, tendréis una web llena de logos de empresas que "colaboran" pero que no os ayudan a conseguir vuestros objetivos de ventas.

Perfil del *Partner*

Una recomendación práctica que os hacemos es coger la ficha de *Target Audience* del capítulo dos y completarla pensando en esta ocasión en quién sería vuestro *partner* perfecto. Si pudieseis escoger de entre todas las empresas del mundo una para "casaros" a nivel comercial, ¿con quién os gustaría hacerlo? Aunque no lo creáis, un acuerdo de colaboración comercial se puede parecer mucho a un contrato matrimonial, por eso hay que saber elegir bien.

Cuando hagáis vuestra ficha, deteneos de forma concienzuda en apartados como los siguientes.

Ubicación Geográfica: el primer hueco que había que completar en la ficha de *Target Audience* era la Ubicación Geográfica. Y no en vano. Tenéis que saber dónde está vuestro cliente y dónde vais a enfocar vuestros esfuerzos. De la misma forma, tendréis que localizar dónde estará vuestro *partner*. Por ejemplo, en otro país objetivo donde os cuesta más llegar. Aquí debéis incidir en buscar o elegir al *partner* que opere en una determinada zona ligada a la localización de vuestro mercado objetivo.

A qué se dedica el *partner*: previamente, habéis trabajado en vuestro Diagrama Pétalo, de forma que ya deberíais tener identificadas aquellas actividades o mercados adyacentes al vuestro desde los cuales pueden venir clientes para vuestro producto. En esos mercados adyacentes, muy probablemente están también vuestros *partners*. Realizando actividades, prestando servicios o vendiendo productos a vuestros posibles clientes. Por ejemplo, a lo largo del libro ya os hemos contado mucho sobre lo que hacemos y a quién nos dirigimos. En la mente de todos está el perfil de nuestros clientes. Pues esos clientes que necesitan ayuda con el lanzamiento de productos, a diario trabajan con aceleradoras de *startups*. Organismos privados o públicos que trabajan ayudando a estos emprendedores. Esas Instituciones son un posible mercado de *partners* para Wild Wind Marketing porque tienen los contactos y la confianza de *startups* de base tecnológica. De forma que vosotros, tendréis que buscar, escuchar al mercado y encontrar quién más está ofreciendo soluciones a vuestros clientes. A eso se dedican vuestros *partners*.

Sector y sector específico del *partner*: está pregunta está muy vinculada a la anterior. Cuando encontréis a qué se dedica el *partner* que estáis buscando, habréis definido en qué sector/es y subsector/es trabaja. Cuanto más especializado esté un *partner* en un sector, menores barreras de entrada tendréis a dicho mercado.

Tamaño del *partner*: empresas pequeñitas eligen como *partners* a empresas grandes para aumentar su visibilidad y llegar a un mayor número de clientes. Y empresas grandes eligen a empresas pequeñitas como *partners* porque son más flexibles y en ocasiones están más cerca de sus clientes. También tenéis que analizar qué tamaño de empresa estáis buscando para que os *eche una mano*. Todos pensaréis que "lo más grande posible", pero hay veces en las que las empresas grandes trabajan con una gran burocracia que resta flexibilidad a nuestro servicio o tienen requerimientos muy elevados para los que aún no estaréis preparados. Y, por otro lado, elegir empresas pequeñas puede conllevar mucho trabajo en formación y asesoramiento y pocas ventas. ¿Qué hacer? Pues, establecer unos requisitos mínimos para casaros: con casa y coche. Es decir, criterios relacionados con el número de clientes en cartera, los ingresos anuales, los recursos dedicados a la Venta de soluciones tecnológicas de otros, años trabajando en su sector/mercado, casos de éxito, si tienen departamento técnico o no, etc.

Por qué querría ese *partner* vender vuestro producto: cuál es la necesidad del *partner*. Ya hemos dicho que los *partners* son vuestros primeros clientes, de modo que también, tenéis que conocer cuáles son sus motivaciones para confiar en vosotros y dedicar una parte de sus recursos a apoyar vuestro proyecto. Debéis investigar un poco a este respecto, si bien las razones por las que las empresas querrán incluir vuestro producto en su portafolio estarán relacionadas con:

- Vuestro producto les aporta un valor de diferenciación con sus competidores.

- Vuestro producto les permitirá alcanzar carteras de clientes diferentes dentro de un mismo mercado.

- Vuestro producto les ofrece acceso a un mercado complementario ampliando su oferta.

- Sus clientes les han pedido un producto como el vuestro.

Las reglas de juego con el *partner*

Sobra decir que el acuerdo de colaboración entre *partner* y vuestra empresa no puede ser verbal. Necesitamos tener un contrato firmado que pormenorice los detalles de la relación que vamos a tener con el *partner*.

Un contrato donde se especifiquen claramente las obligaciones y beneficios del *partner* a través del acuerdo de colaboración será siempre saludable. Por un lado, la otra empresa tendrá la tranquilidad y confianza de que no vais a improvisar y vais a respetar los acuerdos firmados. Y, por vuestra parte, la garantía de que podréis exigir al *partner* el cumplimiento de una serie de obligaciones y, en caso necesario, extinguir la relación. En caso de conflicto, unas reglas bien definidas siempre son de gran ayuda en la negociación.

A efectos más prácticos, os permitirá definir claramente hasta dónde llegará vuestro apoyo comercial o técnico y qué recursos o no podéis destinar a la red de *partners*. Es habitual no ser exhaustivo a este respecto, pero la experiencia nos demuestra que es recomendable hacerlo.

Por otro lado, no podéis esperaros a estar a puertas de cerrar un negocio para que el *partner* y vosotros sepáis con cuanto ha de quedarse cada uno.

Como veis, existen múltiples aspectos a definir de vuestra relación con el *partner*. Os proponemos un *check-list* de puntos a aclarar en el contrato con el *partner*:

Condiciones del programa de *partners*	
Precio del *partnership* y forma de pago	Al igual que si se tratase de una franquicia, acceder al conocimiento de vuestro empresa debe tener un precio. Por una parte, para que la empresa colaboradora se esfuerce por rentabilizar la inversión que hace y, por otro, para que vuestra empresa justifique la inversión que también hacéis: tiempo, recursos materiales y comerciales, coste de oportunidad de trabajar con otras empresas, etc. Habrá que definir distintos niveles de precios de acuerdo al tipo de *partner*.

	La forma de pago como os decíamos en el apartado anterior, cuanto más atado esté todo, mejor.
Vigencia y duración del contrato	Fecha de comienzo y periodo por el que se establece el contrato.
Terminación del contrato	Obligaciones y derechos de las dos partes en el momento de finalización del contrato. Motivos por los que se podría terminar o resolver de forma unilateral, como el incumplimiento de determinadas cláusulas.
Obligaciones y derechos posteriores a la terminación del contrato	Conviene definir desde el primer momento qué acciones conllevan obligaciones o derechos una vez finalizado el contrato. Y si una vez que se finaliza el contrato, el *partner* tiene derecho a comisionar sobre las ventas a sus clientes durante un periodo de tiempo o no. Otra regla podría ser que por un tiempo el *partner* no podrá trabajar con la competencia.
Coordinación con el *partner*	De acuerdo a los diferentes niveles de *partnership*, hay que configurar cuáles van a ser los canales de comunicación, así como las personas del equipo comercial con las que van a poder contactar. Esto es importante porque un *partner* muy demandante de recursos puede bloquear vuestro Departamento Comercial o crear situaciones complicadas al estar relacionándose cada día con una persona diferente del equipo comercial. Además, dais tranquilidad a vuestros socios comerciales si estos conocen el canal que deben usar para que respondáis a sus necesidades.
Exclusividad	Definir si existe algún tipo de exclusividad territorial, de canal, de producto, etc.
Ámbito territorial	Definir si existen o no limitaciones de índole territorial.

Márgenes del *partner*	Cuánto va a ganar el *partner* por cada venta a los clientes que consiga y en función de qué conceptos.
Comisiones al *partner*	Otro tipo de contraprestaciones que pueda recibir el *partner* en concepto de formación, prestación de servicios, etc.
Certificaciones	Dejar claro si es necesario que parte del equipo del *partner* reciba una formación (normalmente se cobra por ésta) para poder unirse a vuestra red de *partners*.
Objetivos de Ventas	Imprescindible fijar unos objetivos de ventas que ayuden a medir el desempeño del partner y la rentabilidad de la inversión que hacen las dos partes.
Propiedad Industrial e Intelectual	Aspectos legales que protejan vuestros derechos sobre la propiedad industrial e intelectual.
Confidencialidad, Cesión y No competencia	Aspectos legales y plazos en los que el *partner* se compromete a no desvelar información crítica y no pública de vuestra empresa.
Soporte al *Partner*	Este es quizás uno de los apartados más importantes por dejar claros. El *partner* os necesita en alguna medida para vender vuestro producto. Os necesita para dar el mejor soporte a su cliente directo, os necesita para cerrar una venta. El *partner* invierte dinero y tiempo en esta relación esperando que pueda contar con vosotros cuando sus clientes u oportunidades así lo demanden. ¿Con qué recursos vais a apoyar a vuestro *partner*? ¿Tendrá muestras de vuestro material? ¿Demos? ¿Acceso a material promocional? Y si tienen dudas, ¿quién las responderá? ¿Y si necesitan acompañamiento comercial? Todas estas cosas son un valor que el *partner* debe percibir desde el principio, un valor que les aporta seguridad y ganas de trabajar con vosotros. Son señales de que su apuesta por vuestro producto es una apuesta segura.

PARTE4: ARQUITECTURA INBOUND

PARTE 4: Arquitectura *Inbound*

Las empresas que adoptan una estrategia *Inbound*, tienen por máxima "NO INTERRUMPIR" a sus posibles clientes o compradores, como lo hacen las estrategias *Outbound* con sus técnicas intrusivas (anuncios publicitarios en la televisión, en el cine, llamadas indeseadas, *pop-ups* en la navegación web, etc.). Por el contrario, estas empresas basan su estrategia en poner a disposición del cliente toda la información que éste va a necesitar sobre el problema o reto que tiene y la solución que pueden brindarle.

Esta información debe ser consistente con las diferentes etapas por las que el cliente atraviesa en su camino hacia la compra, por tanto, debe seguir una estrategia. Esto es lo que en los últimos años se ha popularizado como *Content Marketing*. En este capítulo vamos a ayudaros a sentar las bases de vuestra estrategia *Inbound* y de Contenidos.

Objetivos

Este capítulo os ayudará a establecer una guía sobre la cual generar los contenidos de vuestro producto. Al terminar de leerlo entenderéis y sabréis cómo:

- Diseñar y escribir contenidos de los que vuestros *leads* obtengan la información que necesitan para comprar vuestro producto sin intervención de personas hasta que estén preparados para ser atendidos.

- Entenderéis la relación entre los contenidos que tenéis que generar y los estados del Ciclo de Venta por los que pasan vuestros *leads*.

- Estaréis listos para construir vuestro contenido dentro de un marco de buenas prácticas.

4.1 Generación de Contenidos

El Marketing de Contenidos o *Content Marketing* no se trata sólo de dedicaros a llenar la web de material que os ayude a posicionaros. Si creáis este material sin orden ni concierto, tendréis *leads* confundidos. No podréis responderles con contundencia a la pregunta de cómo podéis ayudarles a solucionar su problema a menos que intervenga uno de vuestros comerciales, o tendréis *leads* tocando a vuestras puertas que nunca han sido vuestro *target* y que, por lo tanto, difícilmente podréis ayudar.

Hace tiempo atrás, planteamos a una ejecutiva de cuenta de Hubspot un problema que estábamos experimentando a nivel de Marketing con nuestros *leads*. Le dijimos: el problema no es la falta de *leads*. Tenemos muchísimas consultas a diario. El problema es que muchos de esos *leads* que contactan con nosotros no son de buena calidad y nuestro equipo de Ventas pierde el tiempo con ellos.

Ella nos respondió algo muy simple que sin embargo, nosotros no habíamos considerado y que nos pareció simplemente la respuesta más brillante del mundo: *"Si tanta gente os consulta, será porque están buscando respuestas que no consiguen responder sin vuestra ayuda"*.

¿Cómo no se nos ocurrió antes?

Las empresas no somos conscientes de lo que una estrategia de contenidos realmente significa para nuestras Ventas y para nuestro trabajo diario. Pasamos por alto que una mala estrategia de contenidos tiene costes, por ejemplo: **Ciclos de Venta largos y esfuerzos comerciales arrojados al retrete**.

Es decir, si no tenéis una estrategia sensata de generación de contenidos, tardaréis demasiado en cerrar las ventas y/o difícilmente las cerraréis. Tendréis más trabajo del que podéis enfrentar y sin resultados claros.

Los conceptos explicados en este capítulo aplican para el desarrollo de cualquier estrategia de contenidos, sea *online* u *offline*, aunque por supuesto, nuestro foco en este libro es el *Marketing Online*. A continuación, trataremos de definir las líneas de esa generación de contenidos para guiar a vuestros *leads* a lo largo de su proceso de compra.

4.1.1 Definición del mensaje a transmitir

En el capítulo dos de este libro trabajasteis de manera extensiva sobre los cimientos de vuestro mensaje a transmitir. Habéis definido:

- Quién es vuestro cliente (Vuestras fichas de *Target Audience* y *Buyer Persona*).

- Cuál es el problema o el reto del cliente.

- Cómo resuelve vuestro cliente su necesidad en la actualidad (Diagrama Pétalo).

- Cómo le ayuda vuestro producto a resolverlo (Ficha de Producto y ficha de Propuesta de Valor).

- Por qué resolvéis el problema de vuestro cliente mejor que los productos competidores (Océanos Azules).

- Cuál es el espíritu de lo que hacéis o la idea detrás de vuestro producto (*Golden Circle*).

Cada uno de estos conceptos definidos tendrá su implementación dentro de vuestra estrategia de *Content Marketing*.

Concepto	Utilidad en la estrategia de *Content Marketing*
Quién es vuestro cliente	**A quién va dirigido vuestro material:** sobre quién y para quién escribís.
Cuál es el problema o reto de vuestro cliente	**Acerca de qué escribís:** los *pain-points* (puntos de dolor) que describís en vuestros contenidos. Estas son las razones que empujan a vuestros clientes potenciales a buscar una solución.
Cómo le ayudáis a resolverlo (Propuesta de valor)	**Acerca de qué escribís:** los casos de uso concretos de vuestros clientes. Cómo habéis solucionado problemáticas concretas, el resultado para vuestros clientes y cuánto les ha costado resolverlo.
Cómo resuelve vuestro cliente su problema sin vosotros	**Acerca de qué escribís:** las razones por las que es insuficiente lo que hay en el mercado y el vacío que llenáis. Los retos de vuestro sector o mercado.
Por qué lo hacéis mejor que la competencia	**Junto a quién os posicionáis en vuestros contenidos:** la competencia es una referencia también para los clientes. Si habláis en vuestro material de un competidor muy conocido, el *lead* puede entender mejor a qué os dedicáis. Por supuesto, además de darle estas señales al cliente, vuestro objetivo es dejarle claro por qué vuestro producto es una mejor opción para él. Aquí debéis hablar sobre vuestras características y sobre esas variables nuevas que introducís en el mercado.
El espíritu de vuestro producto	**Cómo escribís, sobre qué escribís y la apariencia de vuestro material:** es aquí donde inspiráis, donde construís la identidad de vuestra marca. Son vuestros lemas, vuestros logos, el diseño de vuestra web y todos aquellos contenidos con los que tratáis de mover y de inspirar sin apelar a razones objetivas.

Cada uno de estos puntos va a jugar un papel determinante en vuestra estrategia de contenidos. Por ejemplo, ¿recordáis que dijimos que tenéis que diseñar tantas fichas de *Buyer Persona* como tipos de compradores tenéis? Bueno, un ejemplo simple, si tenéis una web de contactos románticos y tenéis dos fichas globales, una para mujeres y otra para hombres, tendréis que generar material para cada una de las fichas. ¿Por qué? Porque en materia de relaciones sentimentales, hombres y mujeres podemos tener preocupaciones distintas y, por tanto, el enfoque para captar nuestra atención debe ser distinto.

Así mismo, no podéis hablarle en los mismos términos a una gran empresa que a una empresa pequeña, porque sus necesidades, preocupaciones y alcances son diferentes.

¡Muy Importante!

Debéis desarrollar material GENÉRICO de vuestro producto. Ese material se apoyará en conceptos cómo:

- Vuestras funcionalidades (Océanos Azules).
- Vuestra competencia (Diagrama Pétalo).
- La expresión más genérica posible de vuestro cliente y sus necesidades.
- El espíritu de vuestro producto.

Debéis componer y diseñar material ESPECIALIZADO. En este tipo de contenidos, los puntos clave del mensaje son particularizados para los casos de cada tipo de cliente en las fichas de cliente (*Target Audience y Buyer Persona*).

Vuestro producto deberá contar con material genérico para que cualquier cliente pueda entender lo que es y lo que hace, pero la efectividad del contenido aumentará conforme consigáis ajustar los contenidos a la situación y necesidades particulares de vuestros clientes objetivo.

4.1.2 Arquitectura *Inbound*

En el capítulo 3 hemos visto la forma en la que los compradores asumen el proceso de compra. Hemos explicado que a través de las distintas fases del Ciclo de Ventas, las necesidades e intereses del *lead*, así como la forma en la que debéis tratarle, varían. Vamos a empezar a contemplar las necesidades de información de vuestros *leads* con una mirada superficial al Ciclo de Ventas, para luego avanzar en profundidad hacía cada uno de los eventos que ocurren una vez que captáis la atención del *lead* y cómo vuestro contenido debe guiarle en el flujo de dichos eventos.

Customer Decision Process o Ciclo de Venta

Si habéis leído el capítulo anterior, ya os encontraréis bastante familiarizados con el Ciclo de Venta y sus fases:

CONCIENCIA ▶▶ EVALUACIÓN ▶▶ COMPRA

Ilustración 24: Ciclo de Venta.

Ahora bien, ¿cuáles son las necesidades de vuestros *leads* en cada una de esas fases? En los siguientes apartados vamos a explorar cómo ayudar a resolver las necesidades informativas del *lead* en cada fase, sin dejar de tener en mente, que vuestro objetivo básico y fundamental es empujar mediante contenidos al *lead* de una fase a la otra hasta que se produzca la venta.

Si no habéis leído el capítulo anterior porque vuestro producto no requiere una gestión comercial del *lead*, no os preocupéis, haremos una breve explicación de las fases del Ciclo de Venta en cada apartado.

Conciencia

En este paso ocurre la toma de conciencia del *lead* sobre su problema, la necesidad o el deseo que tienen él o su empresa -en el caso de empresas *B2B*-. Cuando el *lead* pasa por esta fase os podéis encontrar ante dos situaciones:

- El *lead* está buscando información sobre su problema.

- El *lead* está en un estadio más avanzado en el cual sabe que tiene un problema y está buscando posibles soluciones al mismo.

Por tanto, los contenidos que tenéis que generar para nutrir al *lead* durante esta fase son contenidos que aborden directamente la problemática que tiene y que introduzcan vuestra marca como la solución.

¿Qué tipo de contenidos podéis ofrecer a vuestros clientes en la fase de Conciencia?

Contenidos en la fase de Conciencia	Descripción
Blog	Los blogs suelen ser la puerta de entrada de los *leads*. Suelen ser el primer punto de contacto del *lead* con vuestra marca. Es también, la principal herramienta que tenéis para ser encontrados.
Anuncios	Aunque los anuncios no son estrictamente *Inbound*, es bastante probable que los utilicéis para que el *lead* os encuentre y captar su atención, por eso los incluimos en la fase de Conciencia. Los anuncios pueden ir ligados también a Marketing de Contenidos, si lo que anunciáis son contenidos y no directamente vuestros productos.

White papers	Es un reporte que describe un problema o su solución. Está escrito de forma bastante formal y utiliza muchos datos.

Ejemplo: Si vuestro producto es una web de contactos románticos, hacéis una investigación sobre cuáles son las características más importantes para hombres y mujeres a la hora de escoger una pareja y plasmáis los resultados en un informe. La forma de presentar el *White paper* es muy sobria. Muy poco diseño, la mayoría del contenido es texto y las gráficas se utilizan para mostrar las principales conclusiones del estudio. |
| *E-books* | Presenta pequeñas dosis de información en un formato muy visual y más fácil de leer. El tono es más informal. Se explican ideas y no tanto datos. Un ejemplo de un *e-book* podría ser un material de entre unas 20 a 50 páginas sobre "Cómo Triunfar En La Búsqueda *Online* de Pareja". Este material tiene que estar aderezado con muchas imágenes y diseño para facilitar su lectura *online*. |
| *Webinar* Educativo | Un *webinar* es un seminario *online* de una duración aproximada de una hora en la que no tratáis de vender, sino que ofrecéis información sobre la problemática del cliente. Es un *webinar* "académico" por llamarlo de alguna manera, en el que se estudia un problema. Siguiendo el ejemplo de la web de contactos, podéis hacer un *webinar* sobre "3 Tácticas de Éxito para Tímidos en la Primera Cita". |

Vídeo *"How To"*	Explicáis de forma muy breve cómo hacer alguna cosa. Por ejemplo, ¿Cómo crear tu perfil en Citas.com por primera vez?
Hoja de *tips* y *Check-list*	Dais pequeños consejos para afrontar un problema o situación. Por ejemplo: "Los 10 elementos indispensables de un perfil de éxito".

Conciencia

Blogs, anuncios, *webinar* educativo, *White papers*, *e-books*, vídeos *"how to"*, *check-list*, *tip list*.

Evaluación

Compra

Ilustración 25: Contenidos según fase del Ciclo de Venta. Fase de Conciencia.

¿Cuál debe ser el objeto del contenido del material para la fase de Conciencia?

- Responder preguntas.
- Posicionaros en la mente del comprador como expertos en el tema (que confíen en vosotros).
- Introducir la idea de vuestra marca como solución.

Recordad que la fase de Conciencia es el momento en el que captáis al *lead*. Por tanto, vuestros principales objetivos aquí son:

- Que os encuentren en la web (llamar su atención).

- Ofrecerles más para captar su interés y quedaros con sus datos (ofrecerles más material a cambio de que rellenen un formulario).

- Nutrirles para que promocionen a la fase de Evaluación.

Vamos a ver el funcionamiento de esto a través de un diagrama:

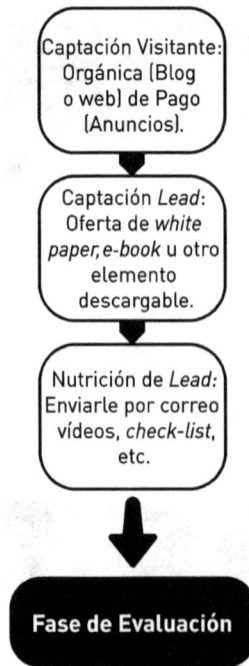

Captación Visitante: Orgánica (Blog o web) de Pago (Anuncios).

Captación *Lead*: Oferta de *white paper*, *e-book* u otro elemento descargable.

Nutrición de *Lead*: Enviarle por correo vídeos, *check-list*, etc.

Fase de Evaluación

Ilustración 26: Flujo de contenidos en la fase de Conciencia.

Una buena forma de orientar y estructurar los contenidos de la fase de Conciencia es:

1. **Construir confianza:** demostrando al *lead* que conocéis los problemas por los que atraviesa, sus necesidades, retos o deseos.

2. **Demostrar** *Expertise:* le mostráis al posible cliente que sabéis cómo enfrentar su problema y que conocéis el tema, para ello, le contáis sobre las distintas alternativas para resolver su problema.

3. **Introducir vuestra solución:** hablarle de cuál es la manera que vosotros entendéis como la mejor para solucionar su problema.

4. **Llamada a la acción:** lo guiais hacia otra información de interés para que siga cualificándose.

Durante la fase de Conciencia es fundamental que sepáis afinar atrayendo a quienes realmente pueden convertirse en vuestros compradores. Para ello, una de las claves es tener muy presente a quién dirigís vuestro contenido. Debéis apoyaros en vuestras fichas *Target Audience y Buyer Persona* para conseguir este cometido. La forma en la que escribís, el problema que abordáis y todos los detalles tienen que estar alineados con ese cliente en particular al que dirigís vuestro contenido.

También debéis hablar aquí sobre las soluciones presentes en vuestros mercados adyacentes. Esto os ayudará a que os encuentren si les buscan a ellos –bondades del posicionamiento orgánico-. Así mismo, le dará al posible cliente una idea más clara de lo que hacéis. Sin embargo, en esta fase no debéis profundizar en vuestra propia solución, pues el objetivo de este material es transmitir confianza a un *lead* que os empieza a conocer, no cerrar una venta. Pensad en este ejemplo. Estáis haciendo la cola del banco y de repente, os dais cuenta de que la chica que espera detrás de vosotros es guapísima. Es la primera vez que la veis en la vida ¿No os abalanzáis sobre ella y le dais un beso? ¿O sí? Lo más racional es tratar de conseguir entablar una primera conversación con ella. Lo mismo aplica para los *leads* que os acaban de conocer.

Evaluación

Cuando el *lead* ha promocionado a una fase de Evaluación, ya no necesita que sigáis ahondando en su problema. Él ya sabe que lo tiene y ya sabe que puede resolverlo con algunas soluciones candidatas, dentro de las cuales se encuentra la vuestra. Ahora vuestro trabajo es explicarle por qué vuestra solución es la mejor.

¿Qué tipo de contenidos podéis ofrecer a vuestros clientes en la fase de Evaluación?

Contenidos en la fase de Evaluación	Descripción
Dosier de producto	Es un documento que describe las principales características y beneficios del producto. Este documento debe ser muy visual y breve. No debería superar las cinco páginas.
Webinar de producto	Es un *webinar* en el que ya sí que vendéis, porque os centráis más en las características del producto. Un *webinar* de producto es una demostración pública del producto.
Caso de estudio	Habláis de un problema muy concreto en un sector determinado y cómo se resuelve. Se centra en el problema del sector.
Casos de éxito	Este documento se centra en la problemática de una empresa en particular y cómo vuestro producto lo ha resuelto. Su foco principal es el cliente y su valor está en significar una referencia para vuestro producto.

Demo, muestras, pruebas.	Es una muestra parcial o temporal de lo que hacéis. El objetivo es que el cliente se haga una idea clara de lo que vendéis para incrementar su deseo de compra.
FAQs	Preguntas frecuentes sobre el producto, soporte, proceso de compra, etc.
Data Sheet	Hoja con las características claves del producto. Todo muy resumido, lo ideal es que no pase de una página y como máximo debería tener dos páginas de extensión.
Vídeo Demo	Es un vídeo en el que se muestra el funcionamiento genérico del producto.

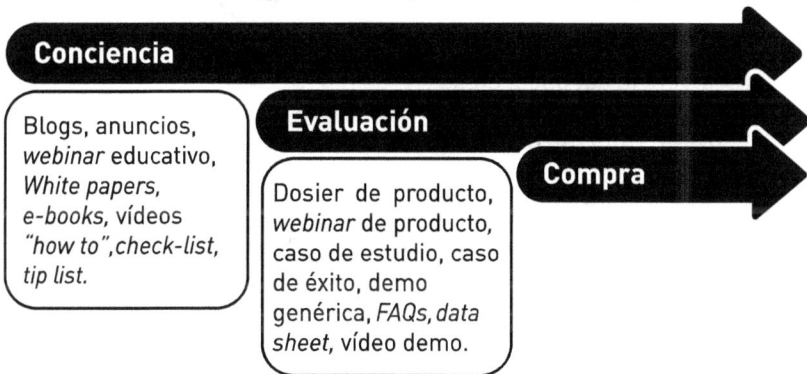

Conciencia

Blogs, anuncios, *webinar* educativo, *White papers*, *e-books*, vídeos *"how to"*, *check-list*, *tip list*.

Evaluación

Dosier de producto, *webinar* de producto, caso de estudio, caso de éxito, demo genérica, *FAQs*, *data sheet*, vídeo demo.

Compra

Ilustración 27: Contenidos según fase del Ciclo de Venta. Fase de Evaluación.

Recordad que es a partir de la fase tardía de Evaluación cuando evaluáis si el *lead* está listo o no (cualificación) para ser atendido por vuestro equipo comercial. Es decir, es cuando el *lead* se convierte en *SQL* y pasa a ser atendido por vuestros comerciales. También hemos visto que para establecer contacto con el *lead* en la fase de Evaluación podéis esperar a que éste os contacte, o contactarlo de acuerdo con su *Scoring*.

Pues bien, según lo anterior, **vuestro objetivo fundamental será conseguir que el *lead* os contacte porque os considera una opción seria para la resolución de su problema.** Pero tal y como hemos hecho énfasis a lo largo de todo este libro, es importante que el *lead* llegue lo más cualificado posible a su contacto con vuestro equipo de Ventas. Esa cualificación no debe ser considerada únicamente en términos de *BANT*, sino también en términos de conocimiento por parte del cliente de su problema y de vuestra solución. En la fase de Conciencia le habéis cualificado con respecto a su problema, en la fase de Evaluación le cualificáis o nutrís en relación a vuestro producto.

¿Cuál debe ser el objeto del contenido en la fase de Evaluación?

- Responder a preguntas típicas de Ventas (precios, soportes, modalidades, diferencias entre las versiones del producto, recurrencia del pago, etc.).

- Proveer información sobre el producto y sobre el servicio post-venta.

- Responder a aspectos que podrían hacer dudar al cliente sobre seguir adelante con vuestra solución (sois muy caros, nadie os conoce, sois muy pequeños, etc.).

Para resumir, en esta fase vuestros contenidos deben estar orientados a:

1. Que el cliente os contacte.

2. Que el cliente llegue al contacto con Ventas con información suficiente sobre el producto.

3. Nutrirles para que decidan pasar a la fase de Compra (*Purchase*).

En capítulos pasados vimos que, prácticamente, a partir de este punto, el trabajo de Ventas pasa a primera línea de fuego, mientras que el trabajo del equipo de Marketing ofrece un soporte mediante contenidos al proceso que está teniendo lugar.

A continuación, vamos a ver el flujo de los contenidos durante la fase de Evaluación en forma de diagrama.

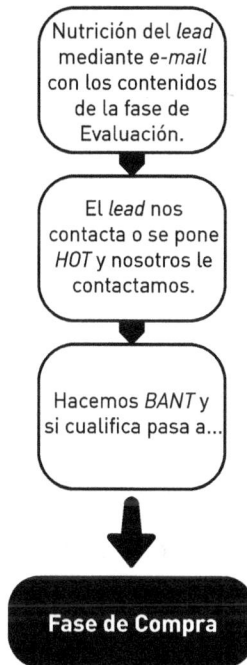

Ilustración 28: Flujo de contenidos en la fase de Evaluación.

Una buena forma de orientar y estructurar los contenidos de la fase de Evaluación es:

1. **Construir confianza:** demostrando al *lead* que conocéis los problemas por los que atraviesa él o su compañía en el caso de empresas *B2B*. No de forma tan profunda como lo hacéis en la fase de Conciencia.

2. **Hablar de vuestro producto:** describir lo que hace vuestro producto, por qué lo hace y por qué es una mejor opción que otras soluciones.

3. **Beneficios:** habláis sobre los beneficios que aporta vuestro producto en relación al problema que enfrenta el *lead* y/o su compañía.

4. **Llamada a la acción:** lo guiáis hacia otra información de interés para que dé el paso definitivo a la compra.

Aunque en esta fase hablaréis mucho de vuestro producto, no podéis olvidaros de uno de nuestros mantras:

"
El cliente no compra productos o servicios, compra soluciones.

Por tanto, necesitáis poneros en su lugar. Hablar en su lenguaje, mostrarle lo que tenéis para él. Las características de vuestro producto son importantes, pero esta importancia no es *per se*, esta importancia proviene de lo que significa para el cliente contar con esas prestaciones. Por ejemplo, en el caso de Wild Wind Marketing, nuestro mensaje no va encaminado a distinguirnos por el uso de metodologías *Agile*. En sí mismo, ese hecho transmite muy poco al cliente. Nuestro esfuerzo está dirigido a explicarle que gracias a aplicar metodologías ágiles, podemos hacerle una entrega rápida y gradual de los resultados de la consultoría en un proceso en el que estamos en constante retroalimentación con él.

No podéis olvidar que en esta fase, el cliente está evaluando si continúa con vosotros o no, si sois una solución que cumple con sus necesidades, si vuestro precio le encaja y, sobretodo, está buscando quedarse con máximo dos opciones para poder tomar una decisión. Es por eso que es el momento de sacar a relucir vuestras características estrella, aquellas variables que constituyen vuestro

Océano Azul y que cambian las reglas del juego en vuestro mercado.

En general, en esta fase es en la que exponéis vuestra Propuesta de Valor. Necesitáis que todo el material producido para cubrir la fase de Evaluación sea una extensión de vuestra ficha de *Value Proposition*.

Finalmente, recordad que durante la última etapa de esta fase, los *leads* se convierten en oportunidades que vuestro equipo comercial debe trabajar hasta que evolucionen en una venta ganada o perdida. El material que diseñéis pues, debería estar consensuado con vuestro equipo de Ventas para que podáis darles el soporte que necesitan.

Compra

Esta es la fase en la que cerráis las ventas. El papel del *Content Marketing* en esta fase es muy parecido al que tenía en la etapa tardía de la fase de Evaluación: servir de apoyo a la labor del equipo comercial.

Pero vuestro objetivo es mucho más concreto ahora: Necesitáis cerrar la venta ya. El *lead* ya tiene toda la información que necesita y la atención del comercial que puede ayudarle a resolver dudas concretas sobre su caso específico. Ahora es tiempo de moverle a la acción de comprar.

¿Qué tipo de contenidos podemos ofrecer a nuestros clientes en la fase de Compra?

Contenidos en la fase de Compra	Descripción
Consulta con uno de vuestros expertos	Éstas son básicamente reuniones o llamadas de uno de vuestros comerciales/*Inside Sales*/ consultores al cliente. En este caso, lo que podéis hacer es diseñar una guía de este tipo de llamadas o reuniones, para que el equipo de Ventas sepa encaminarlas hacía el cierre. Por ejemplo, es imprescindible que antes de terminar las reuniones o llamadas, el perfil comercial se ponga de acuerdo con el cliente sobre los próximos pasos a seguir.
Prueba gratuita (adaptada al cliente)	No es sólo darle acceso a lo que vendéis y olvidaros, debéis llevar al *lead* a que empiece a usar o sacar provecho de lo que vendéis. El *lead* debe sentir que empieza a trabajar con vuestro producto tal como sería si decide comprarlo. Para las empresas que venden software, por ejemplo, nosotras recomendamos que se lleve a cabo siempre una reunión de *Kick-off* en la que le mostréis brevemente al cliente cómo usar el sistema y le ayudéis a configurar los aspectos clave de su aplicación. Así os aseguráis de que el *lead* no se vea perdido a la hora de empezar a trabajar con vuestro software. Es vital que estas reuniones estén bien estructuradas. Es Marketing quien debe dar los lineamientos de los mínimos que se deben llevar a cabo en dichas reuniones.

Presupuesto

Propuesta económica formal que describe vuestra Propuesta de Valor. Vuestras ofertas deben ser de calidad. No sólo en contenido, sino también en apariencia. Para asegurar la calidad de algo, debéis establecer mínimos que se deben cumplir y mecanismos de comprobación de que estos mínimos se están cumpliendo. Es decir, para vuestros presupuestos deberíais diseñar:

- Una plantilla llamativa, clara y que contenga todos los apartados necesarios.
- Un *check-list* con el que sepáis cuáles son los contenidos mínimos a contener por la plantilla y en el que os podáis apoyar para comprobar que estos mínimos se cumplen.
- Un procedimiento de revisión. No debe salir ninguna oferta de vuestro departamento de Ventas sin haber sido comprobada.

Con respecto a los mínimos a contener, os recomendamos que consideréis al menos los siguientes:

1. Datos de vuestra compañía: esto aporta seriedad y confianza a vuestra propuesta. Muestra que sois una empresa real.

2. Datos del cliente: esto transmite la idea de que estáis haciendo no una propuesta tipo, sino una propuesta personalizada para vuestro cliente. Algo hecho a medida para él.

3. Introducción: aquí de forma muy breve (un párrafo o dos como mucho) le contáis al cliente qué se va a encontrar al interior de la oferta.

4.   Objetivos: estos son los objetivos del cliente. Aquí debéis mostrarle al cliente que lo que le ofrecéis va encaminado precisamente a resolver sus necesidades y a ayudarle a conseguir sus metas.

5.   Alcance: deberíais establecer qué entra y qué no entra dentro de la propuesta. De modo que os aseguréis de que ambas partes estáis entendiendo lo mismo.

6.   Resumen ejecutivo: muchas veces vuestro cliente es una persona sin mucho tiempo. Si empieza a leer y no le engancháis, va a aplazar –y tal vez para siempre- la lectura de vuestra propuesta. El resumen ejecutivo es la forma en la que conseguís atrapar al cliente para conseguir que siga leyendo y le mostráis a grandes rasgos qué es lo que le estáis ofreciendo y por qué debería compraros.

7.   Descripción: descripción pormenorizada de lo que le estáis vendiendo.

8.   Oferta económica: aquí le dejáis claro al cliente cuánto le va a costar lo que le vendéis. Esta propuesta económica debe ser fácil de entender, transparente.

9.   Aspectos relativos al pago: formas, mecanismos, plazos, etc.

10. Condiciones de la oferta: a qué os obligáis legalmente y se obliga el cliente si acepta trabajar con vosotros.

	De acuerdo a vuestro negocio, habrá más puntos a incluir en la oferta, pero como mínimo deberíamos incluir los diez anteriores.
Descuento Cupón	Elementos de descuento con una FECHA DE VENCIMIENTO CLARA (Deadline) que movilicen al lead hacia la compra. Ejemplo: si se acepta el presupuesto antes de fin de mes, le ofrecéis un 10% de descuento o un mes gratis.

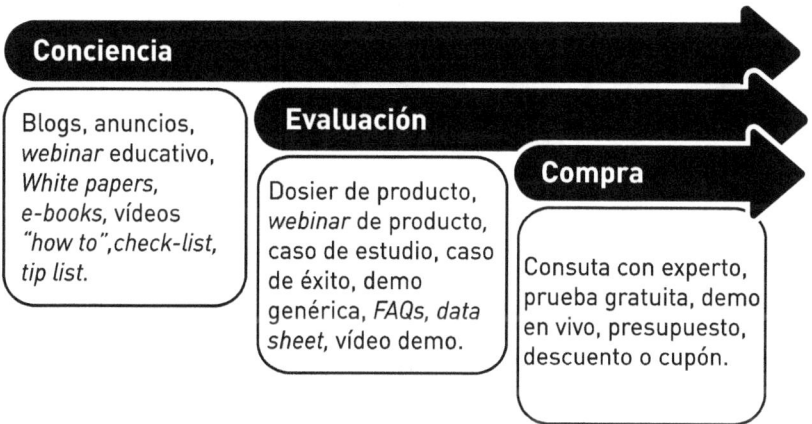

Conciencia

Blogs, anuncios, webinar educativo, White papers, e-books, vídeos "how to", check-list, tip list.

Evaluación

Dosier de producto, webinar de producto, caso de estudio, caso de éxito, demo genérica, FAQs, data sheet, vídeo demo.

Compra

Consuta con experto, prueba gratuita, demo en vivo, presupuesto, descuento o cupón.

Ilustración 29: Contenidos según fase del Ciclo de Venta. Fase de Compra.

En esta fase os debéis olvidar de generalidades, vuestro trabajo es que el cliente visualice cómo va a ser la solución concreta que le proveáis a sus problemas para que desee tener vuestro producto y se mueva a comprar. El foco de esta fase es mostrarle a vuestro cliente en concreto cómo quedaría resuelto su problema o necesidad si cierra la venta con nosotros.

¿Cuál es el objeto del contenido en la fase de Compra?

- Generar deseo de compra.
- Llevar al *lead* a la acción de compra.

Vamos a ver el flujo de contenidos mediante un diagrama:

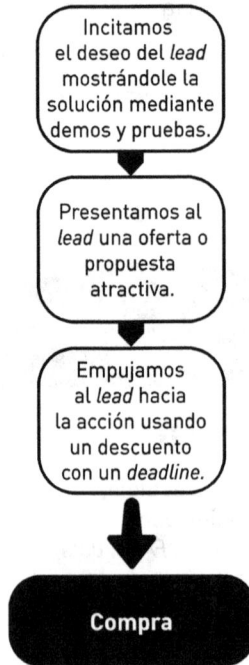

Incitamos
el deseo del *lead*
mostrándole la
solución mediante
demos y pruebas.

Presentamos al
lead una oferta o
propuesta
atractiva.

Empujamos
al *lead* hacia
la acción usando
un descuento
con un *deadline*.

Compra

Ilustración 30: Flujo de contenidos en la fase de Compra.

A modo de resumen, vamos a ver el flujo de contenidos a través de las tres fases del Ciclo de Venta:

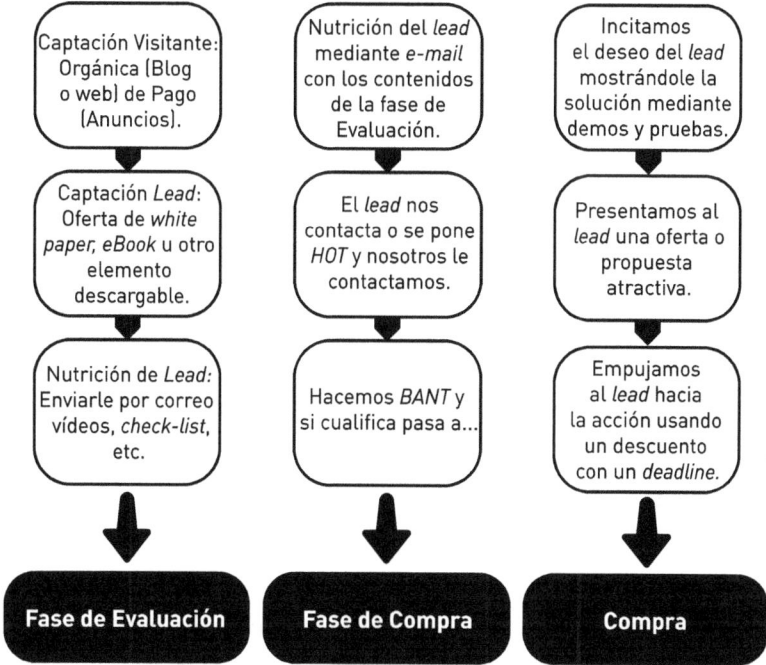

Ilustración 31: Flujo de contenidos a través del Ciclo de Venta.

Si bien en los primeros meses no va a ser una prioridad, una vez que estéis introducidos en el mercado y contéis con una cartera de clientes, tendréis que considerar dos niveles más a los que podemos seguir vendiendo y para los que también habrá que generar contenido: Clientes y Evangelistas.

Clientes

Con vuestros clientes partís con la ventaja de que ya contáis con su confianza, de modo que es más fácil hacerles llegar nuevos productos o servicios.

Los clientes también pueden ser segmentados, por ejemplo, como nuevos clientes, clientes satisfechos, clientes con repetición de compra, clientes con antigüedad mayor a X meses/años, etc. para definir mejor un *target* al que dirigir vuestros contenidos.

En este nivel, un consumidor probablemente querrá seguir consumiendo contenido educativo, pero también querrá aprender cómo obtener un mayor rendimiento del producto.

Por otro lado y, sobre todo, para los que vendéis productos de pago recurrente como servicios, software en la nube, telefonía, Internet, etc., conservar al cliente debe ser una de vuestras prioridades. Debéis tener en cuenta que la venta más compleja siempre es la primera. A un cliente que ya os compró y al que habéis tratado bien es más fácil venderle que a uno que tiene que correr el riesgo de empezar a trabajar con vosotros por vez primera. Por estas razones, parte del foco de vuestros contenidos durante la fase de Cliente debe ser mostrarle al cliente lo mucho que os preocupáis por él. Esto debe ser así desde el principio de la relación.

Recordamos con mucho cariño el gesto de una comercial americana a la que adquirimos un software de gestión de notas de prensa. Una semana después de haber cerrado la venta, recibimos en la oficina una tarjeta de su puño y letra con la que nos agradecía personalmente el voto de confianza que hacíamos con ella y con su empresa. Estos detalles enamoran y los clientes de alguna forma son como una pareja. Hay que mantener la relación con pequeños detalles.

¿Qué tipo de contenidos podéis ofrecer a vuestros clientes en la fase de Clientes?

Contenidos en la fase de Cliente	Descripción
Regalos	Regalos de bienvenida, regalos de aniversario, regalos de finalización del servicio. En Wild Wind Marketing, cuando terminamos el servicio enviamos un pequeño detalle al cliente. El año pasado fueron tazas, ¡este año tendremos que innovar!
Material sobre nuevas funcionalidades	Tenéis que mantener al cliente "enganchando" con el rumbo que toma el producto. Hacerles sentir que están obteniendo mucho más que lo que inicialmente pagaron. Para ello, podéis escribir *posts* sobre nuevas funcionalidades, enviarles *mailings* para introducir dicha funcionalidad, etc.
Caso de estudio	Habláis de un problema muy concreto en un sector determinado y cómo se resuelve. Se centra en el problema del sector. Estos casos de estudio pueden ayudarnos a vender nuevas funcionalidades.
Webinars sólo para clientes	Permite a vuestros clientes estar al día de las últimas tendencias y buenas prácticas y cómo llevarlas a cabo.

En esta fase, buscáis presentar al que ya es vuestro cliente las últimas novedades y servicios disponibles para hacer *up-selling y cross-selling* o, simplemente, para mantenerles fidelizados.

¿Cuál es el objeto del contenido en la fase de Cliente?

- Generar deseo de compra de un nuevo producto o servicio.
- Conservar en condiciones inmejorables vuestra relación con el cliente.
- Demostrar al cliente que os preocupáis por él y que es especial para vosotros.

Una buena forma de orientar y estructurar los contenidos de la fase de Cliente es:

1. **Up-selling:** mostrar los beneficios más avanzados del producto para mover al cliente a un servicio o versión con mejores prestaciones. Es decir, este material debe tener como objetivo hacer subir al cliente de categoría.

2. **Cross-selling:** mostrar nuevas funcionalidades que complementen el servicio que ya dais al cliente para mover a éste para que contrate nuevos servicios o productos. En otras palabras, este contenido debe estar enfocado en vender servicios o productos complementarios.

3. **Fidelización:** este material debe tener como objeto mostrar al cliente los beneficios de mantenerse con vosotros.

Evangelistas

Los evangelistas son suscriptores de vuestro contenido que, aunque no sean clientes potenciales, son fans y seguidores de vuestro trabajo. Y, normalmente, se infrautilizan.

Este segmento puede estar compuesto por prensa, personas influyentes, personas en búsqueda de empleo o incluso estudiantes. Hay que prestar atención a este grupo ya que suelen descargar contenido, compartirlo y, a veces, incluso, escribir acerca de vuestro producto/empresa.

En este nivel, los objetivos son diferentes: simplemente queréis que descarguen y compartan vuestro contenido. De forma que en vuestras comunicaciones a este segmento, tenéis que hacer precisamente eso, animarlos a que prueben y compartan vuestros últimos y mejores contenidos con sus redes sociales. Esto os ayudará a aumentar el número de *leads* en la primera fase del *Funnel* de Ventas.

¿Qué tipo de contenidos podéis ofrecer a vuestros evangelistas?

Contenidos en la fase de Evangelista	Descripción
Share to Get Access	Piezas de contenido en las que no se pide información de contacto, sino que el único requisito para acceder a éste es compartirlo en redes sociales.

En esta fase, buscáis que vuestros seguidores incondicionales os ayuden a llegar a un mayor público.

¿Cuál es el objeto del contenido en la fase de Evangelista?

- Expandir vuestro alcance.
- Generar nuevos y más *leads.*

Vuestro *Why* es transversal a toda vuestra estrategia de contenidos

Nos gustaría cerrar este apartado del contenido y las fases de Venta, haciendo énfasis en que todos vuestros contenidos en todos los niveles y etapas del Ciclo de Ventas deben estar impregnados de esa idea primigenia o espíritu de vuestro producto que habéis definido como el núcleo de vuestro *Golden Circle*.

Recordad que esta idea detrás de nuestro producto es aquello capaz de inspirar, capaz de mover al cliente desde la irracionalidad hacia la compra. Es vuestra llamada al instinto, al deseo. No dejéis que esto se quede fuera de vuestro material de Marketing y Ventas.

4.2 Recomendaciones sobre algunos de los aspectos clave del Marketing de Contenidos

En esta fase se propondrá una guía sobre las buenas prácticas que deberían ser implementadas en algunos de los medios que utilicéis para dar a conocer vuestro producto.

4.2.1 El Modelo AIDA

Todos los contenidos desarrollados en vuestra empresa deben ser contenidos adaptados al modelo AIDA. Es decir, deben empezar captando la atención del cliente y terminar por moverlo hacia un siguiente paso, que debe estar alineado con la fase del Ciclo de Venta en la que se encuentra el *lead*. Estas acciones pueden ser descargar otro contenido, suscribirse a un *newsletter*, hacer una demo, contactar con un comercial o realizar la compra.

A continuación, describimos los cuatro elementos del modelo AIDA que deben cumplirse al completo en cada dosier, *newsletter, White paper, webinar* o contenido que desarrolléis.

Awareness o Attention- Conciencia o Atención. Despertar la curiosidad. Los humanos otorgamos atención a aquello que tiene relación con nosotros. Debéis evocar las emociones del consumidor –con vuestro *Why-*, transmitir que es a él a quién le ofrecéis un beneficio. Para hacerse con la atención de las personas, debéis ser rápidos y directos, usando palabras impactantes o una imagen que atraiga su atención lo suficiente como para que se detengan a leer/escuchar lo que tenéis que decir. Buscar la sorpresa es una buena forma de atraer a las personas. De esta forma, los títulos de los *posts*, los "asuntos" de los *e-mails* o la primera frase de un comercial son la mejor oportunidad para lanzar un mensaje que capte la atención del *lead*.

Interest- Interés. Generar el interés del comprador hacia vuestros productos o servicios. Hacer saber al comprador que obtendrá un beneficio o evitará una pérdida con lo que ofrecéis, que podéis satisfacer sus necesidades. Los primeros segundos son esenciales y debéis centraros en sus necesidades, explicar de forma rápida y fácil cómo podéis ayudarles. Dejarlos con ganas de más. Se debe despertar el interés del comprador con una oferta, que puede ser más información, una demo guiada o una propuesta económica.

Desire-Deseo. Mostrar y convencer. Exponer el producto en uso destacando los beneficios que proporcionará al comprador. Crear la sensación de que ya tiene la solución a su problema. Es muy importante tener siempre en mente por qué alguien tiene que compraros a vosotros y transmitirlo –vuestra ficha *Value Proposition*-, ofrecer referencias de otras empresas que ya han confiado en vosotros –cuando sea posible- y limitar vuestras ofertas en el tiempo.

Action- Acción. Hay que ser muy claros en la acción que queréis que se lleve a cabo y vuestro mensaje debe inducir a realizar esa acción incluyendo llamadas a la acción que guíen al *lead* a través del *Funnel*.

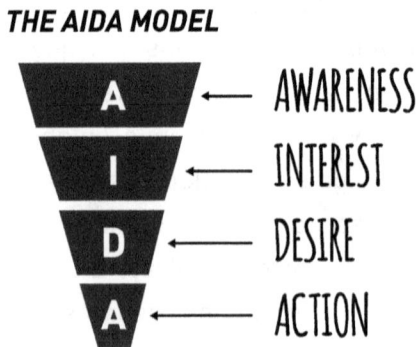

Ilustración 32: *The AIDA Model.*

4.2.2 Recomendaciones prácticas para vuestra web

Secciones

Os proponemos que vuestro menú principal cuente con los siguientes enlaces a secciones.

Sección	Descripción
Home	• Frase que describa vuestro producto. • *CTA* (*Call to Action*). • Breve introducción a las prestaciones del producto o servicio. • Breve introducción a beneficios. • Referencias de clientes.
Producto	Debe explicar: • Para quién es (Fichas: *Target Audience* y *Buyer Persona*). • Qué problema resuelve. • Cómo lo hace (Océanos Azúles, Ficha de *Value Proposition*). • Por qué es mejor (Más sobre nuestros Océanos Azules). • Beneficios (Ficha de *Value Proposition*). Podéis separar estos puntos en sub-secciones o hacer un rápido resumen de todo en pequeños bloques (nos decantamos por la segunda opción).
Demo gratuita	Si es posible probar vuestro servicio o producto de forma *online* debéis sacar el mayor provecho posible a esta opción.

Precios / *Buy*	Mostrar los precios en vuestra web permitirá a vuestro cliente hacerse una idea clara sobre si os movéis o no en el mismo rango de precios antes de contactar con vosotros.
Contáctanos	Enlace a formulario de contacto.
Recursos / Descargas	Zonas diseñadas para captar *leads* ofreciéndoles a cambio la descarga gratuita de contenidos.
About us	Referencia al recorrido de vuestra empresa, los clientes que tiene, o experiencia en el mercado. Incluso una breve descripción de los miembros clave del equipo.

Precios en la web

Es importante que el cliente pueda ver muy rápidamente cuál es el producto que le corresponde. En este sentido tenéis que trabajar dos aspectos:

- Nombres de producto o planes que permitan identificar rápidamente la audiencia a la que están dirigidos –Ficha de *Target Audience*-. Estos deben seguir las convenciones de la industria.

- Simplicidad: deberíais tener un modelo de precios que se explique solo. Así os evitaréis que os escriban para preguntaros cuánto cuesta vuestro producto.

También es importante que dentro de la página de precios aclaréis otros aspectos como:

- Servicios.

- Soporte del producto.

- Extras.

- Explicación sobre qué está incluido en el precio y que no.

Recordad que los precios que publiquéis en vuestra web deben ser siempre los precios de posicionamiento.

¿Más ayuda con esto?

Os invitamos a consultar información sobre aspectos como los precios que son tan importantes para el negocio.

- *Post:* 3 Mitos Sobre Tener Los Precios En La Web[23].

4.2.3 Recomendaciones prácticas para el Blog

Sobre qué escribir

Una buena práctica es recopilar las 20 preguntas más frecuentes que tienen los clientes (o en principio que pensáis que pueden plantearse) en cada fase del Ciclo de Ventas y escribir *posts* para dar respuesta a ellas.

Otra buena práctica es la de aprovechar las consultas que os envíen a través de la web para saber si estáis ofreciendo información suficiente y clara al respecto y, en caso contrario, generar contenido que resuelva esas dudas.

---

23   http://wildwindmarketing.com/2013/12/16/3-mitos-sobre-tener-los-precios-en-la-web/

Por otro lado, otro recurso habitual es la Curación de Contenidos, que consiste en usar contenido ya existente para hacer nuevas publicaciones. Hay distintas técnicas de Curación de Contenidos:

- **Extractar:** se toma del original el título, las primeras frases y quizás alguna imagen, sin aportar nada nuevo. El *SEO* puede penalizaros por contenido duplicado. Esta forma está descartada. SIEMPRE, SIEMPRE debéis aportar algo.

- **Resumir:** se crea un breve resumen del artículo. Este contenido es contenido original a nivel de *SEO* y os permite introducir vuestras propias palabras clave.

- **Citar:** a veces, resulta apropiado y útil citar literalmente contenido de una fuente tercera por la relevancia de la fuente. El contenido se entrecomilla y se aporta valor introduciéndolo en vuestros *posts* (siempre y cuando no entrecomilléis el original al completo). Siempre debéis incluir referencia al contenido original, su fuente y autor.

- **Retitular:** se crea un nuevo titular que intenta ser más atractivo que el original. Se aporta muy poco valor.

- **Paralelizar:** se toma una pieza de contenido aparentemente sin relación con el tema central del *post* y se realiza la curación creando conexiones entre ambos. Esto permite al curador aportar su opinión sobre el tema y sobre el artículo curado.

- ***Storyboarding:*** el curador une muchas piezas de contenido (*tweets*, vídeos, fotos, artículos) intercaladas con sus propios comentarios.

Algunos sitios donde podéis recurrir para encontrar contenido para curar, pueden ser:

- Scoop.it.[24]
- Blogs de eminencias en la materia y expertos en general.
- Blogs de la competencia.
- Twitter.
- Grupos de LinkedIn.

Es importante indicar las fuentes desde las que se obtiene la información, pero sobre todo, hay que tener siempre en mente la idea de ofrecer contenido de calidad. No sólo para que no os penalicen en el posicionamiento del blog, sino porque la originalidad y calidad de lo que escribáis hará que los *leads* perciban que sabéis acerca de lo que estáis escribiendo y vuelvan a visitar vuestro blog o continúen adelante en el *Funnel* de Marketing-Ventas.

Otra buena temática para escribir, es acerca de las buenas prácticas en aquello que hacéis, por ejemplo, para el caso de Wild Wind Marketing, podemos escribir sobre buenas prácticas en el *Lead Nurturing* para *startups*.

Periodicidad

Una buena práctica es escribir **al menos dos *posts* de entre 500 y 600 palabras cada semana**. Es importante que los lectores sepan que el blog se actualiza con cierta regularidad.

Para incrementar la producción del blog también es recomendable tener escritores invitados que aporten otros puntos de vista, su *expertise* y, por qué no, otro público fuera de vuestra red que

---

24   http://www.scoop.it/

sigue a estos autores. De esta forma, el blog será mucho menos monotemático y mucho más rico.

Normalmente, estos autores buscan algún beneficio: poder incluir algún enlace a la compañía para la que trabajan, darse a conocer como expertos en la materia o una remuneración económica. En el caso de que quieran incluir algún enlace, no hay problema. Siempre hay que exigir calidad en lo que se va a publicar en el blog y limitar el número de enlaces que los autores quieran poner. Si lo que quieren es darse a conocer en alguna materia en particular, no creemos que tengáis problema con ello, y si lo que quieren es un pago, pues tendréis que decidir si os merece la pena.

A la hora de conseguir gente que quiera escribir en vuestro blog, será habitual que sean los propios autores quienes se pongan en contacto con vosotros porque os han encontrado en la web y piensan que vuestro blog es un buen sitio para publicar (por el *target* –o audiencia- al que buscan, por el *Pagerank*, o porque piensan que vuestro contenido es de calidad). También podéis salir a buscarlos. Os recomendamos BloggerLinkUp[25], donde se pueden poner anuncios de que estáis buscando invitados para que escriban sobre un tema particular en vuestro blog. En esta comunidad, los invitados pagan con contenidos y, los dueños del blog, pagan ese contenido permitiendo la inclusión de algún *link*.

Calendario Editorial

El Calendario Editorial es una herramienta de planificación básica acerca de lo que vais a escribir –*posts* del blog, informes, *White papers*- en los próximos días, semanas o meses. Con este método, os obligáis a tener una regularidad en fechas de publicación y a

---

25   http://www.bloggerlinkup.com/

tener claro para quién se escribe. Por ejemplo, en el Calendario Editorial se pueden incluir las fechas de publicación, los temas sobre los que se va a escribir, el tipo de publicación (blog en español, blog en inglés, *e-book*, nota de prensa, etc.), el *target* (a quién está dirigido el contenido) y toda aquella información que os ayude a realizar el ejercicio de pensar sobre qué escribir una sola vez para después ejecutar.

Manteniendo el Calendario Editorial conseguiréis periodizar las publicaciones y que éstas tengan el foco en el cliente objetivo que se ha definido y en los niveles y etapas en los que se encuentra en cada momento.

Es muy importante dentro del Calendario Editorial, que para cada publicación se especifique a quién está dirigida, es decir: vuestro *Target Audience* y vuestro *Buyer Persona*.

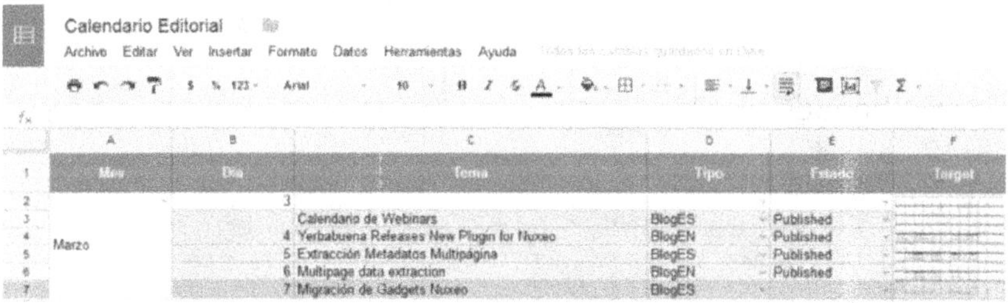

Ilustración 33: Ejemplo de Calendario Editorial.

Extensión

A nivel de posicionamiento *SEO*, **se recomiendan los contenidos de más de 1500 palabras**. Para que os hagáis una idea, unas tres páginas de Word usando la fuente *Time New Romans*.

Cuando escribáis para posicionaros sobre un determinado tema o tutoriales en los que hay mucha información que incluir, podéis seguir esta premisa. Pero nuestra recomendación es que la extensión del contenido que creéis sea tan larga como tenga que serlo. Hay otra clase de *posts*, noticias o artículos que simplemente buscan transmitir una idea muy concreta. **Cada pieza de contenido que generéis debe tener un objetivo, y, acorde a ese objetivo, debéis extenderos o no.** De forma que, cuando consigáis transmitir la idea que queréis, habréis alcanzado la longitud adecuada, sin importar si la longitud es de 100 o de 1500 palabras.

En el siguiente apartado de "Formato" listamos algunos elementos que se deben incluir en la redacción de contenidos largos para facilitar su lectura.

Formato

Los *posts* ricos en texto son muy buenos para los motores de búsqueda, pero menos buenos para los lectores. Es difícil leer de la pantalla del ordenador, por lo que, debéis ayudar al lector con elementos como:

- Imágenes.
- Viñetas.
- Títulos.
- Negritas.

Call To Action's

Es importante que recordéis que el objeto del blog es que vuestros *leads* os encuentren. Una vez os encuentren, necesitaréis que sigan avanzando a través del proceso y obtener sus datos para poder nutrirles por *e-mail*. Por esta razón, es muy importante que vuestros *posts* contengan *CTA's* o lo que en español significa "Llamadas a la Acción", para que los visitantes se descarguen información relacionada con lo que están leyendo. Dichos contenidos a descargar deben ser consistentes con la fase del Ciclo de Ventas en la que se encuentra el *lead* y que debe ser la misma o la siguiente fase para la que fue escrito el *post*.

Targetización de los contenidos

Aunque tengáis muchos contenidos genéricos, es importante que muy a menudo escribáis con un lector objetivo concreto. Este lector puede:

- Pertenecer a una de vuestras fichas de *Target Audience*.

- Pertenecer a una de vuestras fichas de *Buyer Persona*.

De esta manera, conseguís que vuestros contenidos resuenen más en la mente del lector y/o atraer a determinados *leads* mediante posicionamiento orgánico.

Check-list de SEO para los posts del blog

A continuación, se describen algunos puntos clave para un buen posicionamiento orgánico de vuestros *posts*.

Buena Práctica
☐ Incluir una *keyword* dentro del título del *post*.
☐ El *post* está etiquetado con hasta cinco *keywords*.
☐ Cada *keyword* aparece al menos cinco veces dentro del cuerpo del *post*.
☐ La *keyword* aparece resaltada en negrita dentro del contenido al menos una vez.
☐ El HTML del *post* incluye la meta etiqueta *Keywords*.
☐ El HTML del *post* incluye la meta etiqueta *Description*.
☐ El *post* debe incluir hasta cuatro *links* a otras entradas.

¿Más ayuda con esto?

Os dejamos algunos recursos de interés sobre cómo trabajar y mantener un blog efectivo:

- *Post*: Por qué un blog corporativo funciona[26].

- *Post*: Herramientas para mantener un blog[27].

- *Post*: Cómo generar tráfico desde Grupos en LinkedIn (y no morir en el intento)[28].

4.2.4 Recomendaciones prácticas para el *E-mail Marketing*

El *E-mail Marketing* va a constituir la columna vertebral de vuestro *Inbound Marketing*. Es, de hecho, la principal herramienta que tenéis para mover a un *lead* de la fase de Conciencia a la fase tardía de Evaluación, en la que un comercial se hace cargo de éste. Por ello, es fundamental que os concentréis en no "enviar *e-mails* por enviarlos". Debéis seguir una estrategia y tratar de enviar la información que el *lead* necesita:

- Según la fase en la que se encuentra.

- Según su ficha de *Target Audience*.

- Según su ficha de *Buyer Persona*.

Si contáis con una herramienta de *Marketing Automation* es fundamental que ésta os permita realizar flujos de *E-mail Marketing* que os ayuden a transitar a vuestros *leads* por las fases del Ciclo de Ventas.

---

26   http://wildwindmarketing.com/2014/06/04/por-que-un-blog-corporativo-funciona/
27   http://wildwindmarketing.com/2014/03/09/herramientas-para-mantener-un-blog/
28   http://wildwindmarketing.com/2014/07/08/como-generar-trafico-desde-grupos-en-linkedin-y-no-morir-en-el-intento/

Según la fase en la que se encuentra

Siempre, para el diseño de flujos de *e-mail Marketing* debéis tener en cuenta que los contenidos que enviáis deben tener una secuencia equivalente con el Ciclo de Ventas, es decir: primero enviáis contenidos de nutrición acordes con la fase de Conciencia, luego con la fase de Evaluación y, finalmente, con la de Compra.

La secuencia debe ser sagrada. Ahora bien, ¿cómo sabréis cuándo pasar de una fase a la otra? Pues siempre será a través de cálculos o suposiciones, por ejemplo:

> a)   Podéis fijar un *Scoring* para cada fase del Ciclo de Venta y que cada vez que el *lead* cambie de fase cambien también los contenidos que recibe.

> b)   Podemos calcular la duración de las fases de acuerdo a la duración típica del Ciclo de Venta. Es decir, si sabéis que de media, tenemos que trabajar a un *lead* durante 2 meses para cerrar una venta, sabéis también que tenéis un periodo de 2 meses para enviar los contenidos de las tres fases.

Podéis programar flujos particulares para enviar contenidos específicos para una determinada ficha de *Target Audience o Buyer Persona*.

Según su Buyer Persona

Este es el flujo más complejo porque requiere que tengáis mucha más información personal del *lead*. Necesitáis averiguar cuáles son los intereses y preocupaciones típicas de un determinado perfil. Sin embargo, el material de este tipo es muy bueno a la hora de construir confianza y complicidad con el *lead*. Recordad que al final, son personas y no organizaciones las que toman decisiones.

Material que podéis incluir, por ejemplo, para la nutrición de un perfil de *Buyer Persona* que es *CEO* de una *startup*:

- *Post:* ¿Cómo saber qué inversiones debo aprobar a mis departamentos?

- Infografía: Las 3 cualidades claves del *CEO*.

- Encuesta: preguntamos a nuestros clientes sobre las 10 publicaciones de Emprendimiento más influyentes en su trabajo.

4.2.5 Recomendaciones prácticas sobre *PR*

Las Relaciones Públicas son una buena herramienta para daros a conocer en mercados en los que queréis incursionar. Fundamentalmente, preparan la mente del comprador, haciendo que vuestra marca "les suene".

Su principal elemento, las notas de prensa, en su formato *online*, no sólo os ayudarán a cumplir este cometido, sino que además colaborarán con vuestro *SEO*.

Podéis montar una estrategia de *PR* por tres vías principalmente:

- Distribuyendo vosotros mismos los comunicados a vuestros contactos en prensa (Hace falta tener los contactos).

- Utilizar una agencia (suelen cobrar a partir de 250€ por nota de prensa y os tendréis que buscar una buena).

- Utilizar software de *PR* (es software que permite hacer llegar las notas de prensa a enormes bases de datos de medios). Software de este tipo suele tener un coste de alrededor de 9.000€ al año.

PARTE 5: MIDIENDO LOS RESULTADOS DEL MODELO DE MARKETING Y VENTAS

PARTE 5: Midiendo los resultados del modelo de Marketing y Ventas

Después de tantas páginas leyendo, ya tendréis en la cabeza una idea de lo que queréis hacer o cambiar en vuestras *startups*, pero os surgirá la duda de cómo saber si lo que vais a llevar a cabo va por buen camino o no. Medid siempre. No sólo para saber si los primeros pasos que estáis dando son acertados, sino como una rutina saludable para tener siempre un control sobre la inversión y estrategia de Marketing y Ventas que estáis llevando a cabo.

Para medir, os proponemos calcular una serie de indicadores. Vamos a considerar 3 grupos de indicadores, todos ellos estrechamente relacionados:

- Marketing.
- Ventas.
- Propios de negocios *SaaS*.

Objetivos

Al terminar la lectura de este capítulo del libro podréis:

- Implementar indicadores para detectar y potenciar aquello que os funciona.
- Implementar indicadores para detectar y corregir desviaciones.
- Medir el funcionamiento básico de vuestro modelo de Marketing y Ventas.

5.1 Indicadores de Marketing

Son indicadores que os van a mostrar vuestra efectividad en la fase de Conciencia, así como en la primera etapa de la fase de Evaluación. Estos indicadores son básicamente tasas de conversión y costes. Debéis centraros aquí en evaluar vuestra capacidad de captación durante un periodo que normalmente es mensual:

- **Tasa de conversión de visitantes a *leads* =** Número de *Leads* / Número de Visitantes Únicos (Usuarios en Google Analytics). Su lectura sería: Convertís en *leads* el X% de vuestros visitantes.

- **Tasa de conversión de *leads* a ofertas =** Número de nuevas ofertas / Número de *Leads*. Su lectura sería: Convertís el X% de vuestros *leads* en oportunidades reales de negocio.

- **Tasa de conversión ofertas a clientes =** Número de nuevos clientes / Número de nuevas ofertas. Su lectura sería: Cerráis el X% de vuestras ofertas.

Recorriendo el camino en sentido inverso y a partir de vuestro objetivo de ventas, podréis evaluar si conseguís suficientes clientes a partir de las oportunidades que generéis. O si tenéis un buen ratio de conversión en clientes pero necesitáis convertir más *leads* en oportunidades de venta. O si el foco de problema está en que tenéis muchos visitantes que no convierten en *leads* que sigan adelante en el *Funnel* de Ventas.

Otro tipo de medidas fundamentales a tener en cuenta aquí están relacionadas con el rendimiento de la inversión. Tenéis que ser capaces de saber los *leads* generados por un medio específico (*blog*, *webinars*, campañas *PPC*, etc) con una inversión determinada. En las siguientes gráficas podéis ver un ejemplo de ello:

Rendimiento de la Inversión en Paid Ads

■ INVERSIÓN (en cientos)
■ LEADS

Ilustración 34: Rendimiento por canal de captación de *leads*.

En la gráfica se muestra un ejemplo de los *leads* generados por una determinada inversión mensual en Google Adwords. Un seguimiento de este tipo por cada canal de generación de *leads* os va a permitir:

- Saber qué canales son más eficientes para invertir más en ellos.

- Saber qué canales son menos eficientes para dejar de invertir en ellos.

- Saber el impacto de cada euro invertido y cómo y cuánto dinero necesitáis invertir si queréis aumentar la demanda.

5.2 Indicadores de Ventas

Para el seguimiento de la gestión de Ventas hay varias métricas importantes a considerar y que podrían componer vuestro *Dashboard* de Ventas:

- **Porcentaje de *New Business* y *Existing Business:*** qué porcentaje de las ofertas se corresponden con nuevos clientes y cuánto con clientes actuales. Esto os permitirá saber vuestra habilidad de captación de clientes nuevos.

- **Ofertas ganadas por tipo de producto:** ¿qué porcentaje estáis vendiendo en subscripciones/licencias, servicios profesionales o formación? Este indicador es importante dado que hay ventas más rentables que otras, por ejemplo, las licencias suelen tener una rentabilidad más alta que los servicios profesionales de desarrollo.

- **Ofertas ganadas por canal:** ¿dónde debéis poner vuestro dinero? ¿En los *partners*? ¿En el canal *online* directo? Esto os dirá qué es lo que está funcionando mejor.

Veamos un ejemplo:

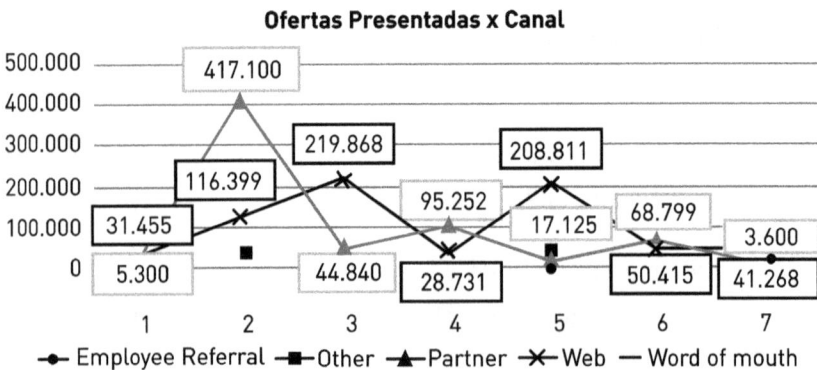

Ofertas Presentadas x Canal

—●— Employee Referral —■—Other —▲—Partner —✕—Web — Word of mouth

Ilustración 35: Ejemplo de Ofertas presentadas por Canal.

- **Ofertas Ganadas/Presentadas:** esta métrica puede ser en dinero o en número de ofertas. Os dirá qué porcentaje de ofertas presentadas se cierran como ganadas.

- *Funnel:* os permite saber cuántas oportunidades tenéis en cada estado de la fase tardía de Evaluación (Prospección, Propuesta de Valor, Presupuesto y Negociación) y cuánto dinero podéis cerrar en un determinado periodo.

- **Indicadores Financieros:** Ventas, Facturación, Ingresos, Cobros, etc.

5.3 Indicadores *SaaS*

Son indicadores relacionados con los negocios tipo suscripciones. Es decir, con negocios de cobro recurrente y servicios *cloud* o en la nube. Os ayudarán a tener una visión estabilizada y a largo plazo de la rentabilidad de la venta de este tipo de productos.

Tiempo promedio que un cliente se queda con vosotros: podéis empezar con una cantidad de 6-12 meses. Este dato lo averiguaréis con mayor precisión a medida que llevéis más tiempo operando. A lo mejor vuestros clientes de media sólo se quedan un año, a lo mejor cinco. Cuanto más alto este dato, mejor, ya que alarga la cantidad de dinero recurrente y la rentabilidad que obtenéis del cliente.

MRR (Monthly Recurring Revenue): en promedio, cuánto dinero os paga un cliente al mes (sólo ingresos). La forma más fácil de averiguar este dato es dividiendo la facturación mensual (en caso de que se cobre al mes) o la imputación mensual de ingresos (en caso de que se cobre al año) entre el total de clientes. Es decir, si todos vuestros clientes os han pagado este mes 3.000€ y tenéis en total 5 clientes, vuestro *MMR* en primera instancia sería 600€. Pero además, el *MRR* tiene en cuenta lo que vendéis por *upselling* y *cross-selling*, así como el recurrente perdido por *downselling* o porque se os van los clientes. Lo adecuado es trabajar estos últimos datos con promedios. Por ejemplo, de media mensualmente hacéis *cross-selling* por 100€ y perdéis 10€ de media al mes por clientes que se van. En ese caso, vuestro *MRR* sería 600€+100€-10€= 690€.

Datos de Rotación: debéis calcular la variación de clientes. Los decrementos o incrementos de número total de clientes y los incrementos o decrementos del *MRR*.

Life Time Revenue -LTR-: son los ingresos que os va a dejar un cliente a lo largo de todo el tiempo que se quede con vosotros. Se calcula multiplicando el *MRR* por la cantidad de meses que en promedio un cliente se queda con vosotros. Si un cliente se queda 12 meses y mensual tiene un *MRR* de 690€, el *LTR* es 12 * 690€= 8.280€.

Customer Adquisition Cost: es lo que os cuesta captar un cliente nuevo. Se calcula dividiendo los costes de Marketing y Ventas para generar nuevos clientes entre el número de clientes captados.

Life Time Value: esta es la métrica clave en *SaaS*. Os dice realmente la rentabilidad de un cliente *cloud* a lo largo del tiempo. Es el *LTR* pero descontándole los gastos de infraestructura mensual (servidores, administradores de sistemas, etc.) junto con el *CAC* mensual a lo largo de toda la vida del cliente a nuestro lado. Si os gastáis 200€ al mes por cliente en infraestructura, a lo largo de la vida del cliente serán 200*12= 2.400€. Además, captar ese *lead* os costó 1.000€. El *LTV* será 8.280€-2.400€-1.000€= 4.880€.

Vuestro objetivo si sois una empresa *SaaS* es disminuir el *CAC* (a través de optimizar la captación, consiguiendo más clientes con la misma inversión) y aumentar el *LTV*.

CONCLUSIONES

Ahora es vuestro turno. El momento de poner en práctica todo lo aprendido y de salir a probarlo al mercado.

" No os quedéis pasmados esperando a tenerlo todo listo al 100%, porque cuando salgáis al mercado os vais a encontrar 100 haciendo lo mismo que ya hacéis vosotros.

Nadie dijo que estéis haciendo algo fácil, pero sin duda estáis haciendo algo súper emocionante que vale la pena probar. Tratad de trabajar siempre en equipo y de seguir siempre la lógica de: Diseñar, Probar, Corregir y Volver a Probar.

Un amigo consultor nos dijo que esto de las empresas es como practicar al tiro al blanco –*un movimiento de unos pocos grados puede significar la diferencia entre dar en la diana o no*-. Por eso hay que moverse rápido, probar, probar y probar.

Por suerte vosotros ya no partís de cero como han partido muchos otros. Vosotros tenéis ya un modelo conceptual que habéis trabajado y que os va facilitar todo el proceso de ejecución.

Sólo nos queda animaros y desearos mucha suerte. Sabemos que podéis conseguirlo.

AGRADECIMIENTOS

Para conseguir tus objetivos es imprescindible que un buen grupo de personas se impliquen en tus proyectos, éste es el caso de este libro. Consciente o inconscientemente, muchas personas me han tendido la mano durante los últimos años para que aprendiera y creciera.

Me gustaría agradecer su tiempo y enseñanza sobre *Lean Startup* a Álvaro Pareja y Miguel Macías que un día me pusieron contra las cuerdas para que diera un paso adelante en la definición de nuestro modelo de negocio. A Antonio Guerra, *coach* y amigo, por ser como yo le digo un "preguntón" y ayudarme a encontrar respuestas. Al equipo de *Athento* por todo lo mucho que aprendí compartiendo sus retos durante un tiempo. Y a Antonio Fernández –*CEO* de *Walmeric*- por contagiarnos de su entusiasmo y por la confianza que depositó en nosotras.

A nivel personal, gracias también a mi familia, un pilar fundamental de mi vida, por estar ahí siempre. Y a mis amig@s, con especial mención para Lidia, Ana y Elena por creer y apoyar siempre todos nuestros proyectos por inalcanzables que parecieran.

Mi agradecimiento especial es para Verónica, amiga, confidente y co-autora de este libro, por su tenacidad y empuje en todos los proyectos que hemos emprendido juntas y por contar conmigo en cada aventura.

Y, por último y no menos importante, a todos nuestros lectores, los de este libro por llegar hasta esta última página, y a los del blog, por estar allí tanto tiempo.

---- Almudena Delgado Galisteo

Los conocimientos recogidos en este libro no han sido producto del aprendizaje únicamente de las autoras. Por el contrario, este libro recoge las lecciones aprendidas por equipos de trabajo. Dentro de esos equipos, quisiera agradecer especialmente al equipo de *Athento*. Por haber sido mis compañeros de lucha durante todos estos años y por haber colaborado con cada golpe, de suerte o de lucha, para construir el conocimiento que ahora queda plasmado en este libro.

En especial, me gustaría agradecer al *CEO* de *Athento*, José Luis de la Rosa, quién ha sido mi mentor y quién me ha dado confianza y libertad para equivocarme. Quién me ha enseñado a ser una persona práctica y a no agobiarme cuando no sabía por dónde empezar. También a Antonio de las Nieves que nunca me ha negado un buen consejo. A todos mis compañeros de *Athento*, a los que están y a los que se han ido, pues su experiencia también está recogida en este libro.

Así mismo, quisiera hacer una mención especial al equipo de *Walmeric* y a Antonio Fernández, por su optimismo y confianza ciega en Wild Wind Marketing. Las dudas y preguntas del equipo de *Walmeric* nos han hecho darnos cuenta de que las *startups* necesitamos más herramientas prácticas y menos literatura.

Finalmente, me gustaría agradecer a mi amiga y co-autora de este libro, Almudena por su fe en mí y por ser mi compañera incansable en este tipo de aventuras.

Por supuesto, también a vosotros, que habéis pagado e invertido tiempo en este libro, y a todos los lectores de nuestro blog, por quienes vale la pena seguir educando, escribiendo, aconsejando y también aprendiendo.

---- Verónica Meza T.

SOBRE LAS AUTORAS

ALMUDENA DELGADO GALISTEO es co-fundadora de Wild Wind Marketing. Actualmente, trabaja como *Business Developer* en una empresa española del sector juguetero y lo compagina con la Dirección y consultoría en la empresa de la que es co-fundadora.

Almudena es experta en Ventas y sus procesos y tiene amplia experiencia en la prospección, negociación y seguimiento a clientes.

VERONICA MEZA T. es co-fundadora de Wild Wind Marketing. En la actualidad se desempeña como *Chief Marketing Officer* en la empresa española *Athento* y ejerce labores de consultoría en la empresa de la que es co-fundadora.

Verónica es experta en el sector de las tecnologías y su experiencia está fuertemente asociada con el nicho de las *startups* tecnológicas.

GLOSARIO

En esta sección se incluyen aclaraciones, explicaciones y, a veces, tan sólo traducciones de términos, ya que en la jerga del *Marketing* se usa mucho el idioma inglés y en el día a día no se traduce.

A

Arquitectura *Inbound*: soporte de contenidos que tendrá vuestro Marketing Digital y vuestra estrategia comercial.

Authority: Autoridad.

B

B2B, Business-to-Business: empresas que venden a otras empresas.

B2C, Business-to-Customer: empresas que venden a consumidores finales.

BANT: método de cualificación de *leads*/posibles clientes.

Buyer Persona: persona que dentro de una organización puede tomar la decisión de compra de un producto.

C

Cash-flow: flujo de caja.

Cool: genial, guay.

Common Decision Makers: grupo de personas que toman las decisiones dentro de una empresa.

CMO (Chief Marketing Officer): Director de Marketing.

Cross-selling: ventas cruzadas, vender distintos productos de vuestro portfolio al mismo cliente.

CTA (*Call to Action*): llamada a la acción. Botones o enlaces que motivan al cliente a efectuar una acción.

Curación de contenidos: creación de contenidos a partir de contenidos existentes resumiendo, citando o uniendo muchas piezas de contenido (*tweets*, vídeos, fotos, artículos) intercaladas con comentarios propios.

Customer Adquisition Cost: coste de conseguir un cliente.

Customer experience: experiencia del consumidor a lo largo de su vida activa como cliente de vuestra empresa.

Customer Relation Management: software de apoyo a los departamentos de Ventas en la gestión de las relaciones con los clientes.

Customizaciones: adaptaciones de un producto a medida de las necesidades de un cliente.

D

Downselling: es una técnica de ventas que se basa en ofrecer productos más baratos o de una gama más básica cuando un cliente rechaza el *Upselling* o quiere dejar de consumir vuestro producto, con el objetivo de evitar la pérdida del cliente.

E

Early adopter: pionero, persona que se encuentra entre los primeros en adoptar o probar una tecnología, metodología de trabajo, producto, etc.

Elevator Pitch: "discurso del ascensor" en español. Fragmento de texto o diálogo donde en apenas 30 segundos se intenta presentar ideas, productos, empresas o personas de forma persuasiva.

E-mail Marketing: herramienta de Marketing en Internet que usa el *e-mail* como medio en las comunicaciones de Marketing.

Expertise: conocimiento y experiencia, pericia.

Expenditure: gasto.

F

Feedback: comentarios. Retroalimentación.

Funnel: embudo. Comúnmente asociado a las Ventas donde en la parte ancha del embudo están todos los posibles clientes y en la estrecha las oportunidades reales de venta.

G

Gatekeeper: portero, en el contexto del libro se entiende como persona que hace de filtro en una organización a la persona que realmente toma las decisiones.

H

Homo Economicus: modelo conceptual de la escuela neoclásica de economía que asume que el ser humano se comporta de forma racional en sus hábitos de consumo, analizando la información de que dispone y actuando en consecuencia.

Hot lead: posible cliente preparado para comprar y que se caracteriza por una alta actividad.

I

Inbound: hacia el interior. Se refiere a tratar de atraer los posibles clientes hacia la marca.

Inbound Marketing: nueva forma de ver el Marketing, que se fundamenta en la idea de no interrumpir al cliente.

Influencers: personas influyentes en una industria o sector.

Inside sales: un perfil de apoyo a las ventas que se caracteriza porque no se desplaza de la oficina. Este perfil suele generar costes inferiores a los generados por un comercial de a pie de campo. Lleva a cabo la atención del *lead* por vías telemáticas, tales como el teléfono o el *e-mail*.

K

Keyword: palabra clave.

L

Landing page: página de aterrizaje de un visitante a una página web, donde se incluyen formularios, *links* o llamadas a la acción.

Lead: prospecto o posible cliente. Persona que puede iniciar un proceso de compra y os facilita sus datos de contacto para que le ofrezcáis información.

Lead Generation: generación de *leads*. Procedimientos que buscan generar oportunidades de negocio.

Lead Management: gestión de *leads*. Preparación de los *leads* y distribución de los mismos cuando estén listos para la compra.

Lead Nurturing: nutrición de *leads*. Puesta a disposición del *lead* de contenidos que le preparen y le guíen a través del Ciclo de Venta.

Link: hipervínculo.

M

Marketing Automation Software: herramienta informática que permite la automatización de tareas de Marketing.

Mailings: envío masivo de *e-mails* con información.

Malware: software que produce daño a equipos o información.

Marketing believer: persona que confía, cree y practica el Marketing.

Meeting: reunión.

Mindstyle: forma de entender la vida.

N

Need: necesidad.

Newsletter: boletín informativo. En la actualidad, se emiten principalmente a través de *e-mail*.

O

Online Research: investigación a través de Internet antes de adquirir un producto.

OPC, método: estrategia de creación de valor y diferenciación basada en el método de los Océanos Azules, el Diagrama Pétalo y el Círculo Dorado, acuñado por primera vez por Verónica Meza T. en este libro.

Oportunidad: en este libro, posible venta.

Outbound: hacia el exterior. Métodos de interrupción de los posibles clientes.

P

P2P, Peer-to-Peer: tecnologías que permiten crear redes en las que los usuarios comparten recursos.

PageRank: originalmente, fue una marca registrada por Google, es un sistema diseñado para determinar la importancia o relevancia de una página web. Debido a su uso generalizado, aunque existen otros sistemas para medir el ranking en el que se posiciona una web respecto al resto de webs, el término se usa de forma general sea cuál sea el proveedor.

Página *"about us"*: página o sección de una web donde se cuenta la trayectoria de una empresa o persona.

Pain Points: puntos de dolor o problemas que empujan a un cliente a buscar una solución.

Partner: colaborador, socio.

Partnership: asociación o colaboración entre dos personas, dos organizaciones, etc.

Pipeline (de ventas): visualización del proceso de ventas de una empresa como una cadena de montaje donde se identifican las fases por las que pasa una empresa/persona para convertirse en cliente y cuántos de ellos se encuentran en cada fase.

Player: Fabricante o vendedor en un mercado.

Pop-up: ventana emergente.

Post: artículo o pieza de información breve escrita en un blog.

R

Revenue: ingresos.

Roadmap: guía de ruta en el desarrollo del producto.

S

SaaS: *Software as a Service*. Software como un servicio. Hace referencia a "alquilar" el uso de un determinado software en lugar de acceder a la propiedad de una licencia.

Scoring: sistema de puntuación de *leads*.

Scrum: metodología de trabajo ágil usada en el desarrollo de software y la gestión de proyectos.

SEO: *Search Engine Optimization* u Optimización en Motores de Búsqueda. Proceso por el que se busca mejorar el posicionamiento y la visibilidad de una página web en los resultados que arrojan los diferentes buscadores cuando un usuario realiza una búsqueda.

Sprint: Periodo de tiempo durante el que se planifican tareas de un equipo en la metodología *Scrum*.

Stakeholder: partes interesadas en una actividad, organización o negocio.

Startup: empresa que comienza. Comenzar, arrancar.

T

Target o *Target Audience*: público objetivo.

Template: plantilla.

U

Upselling: es una técnica de ventas que se basa en ofrecer a clientes actuales productos más caros, de gama más alta o actualizaciones con el objetivo de aumentar la rentabilidad que la empresa obtiene del cliente.

V

Value proposition: propuesta de valor.

VP of Sales: vicepresidente de ventas.

W

Webinar: seminarios a través de tecnologías web usados principalmente para impartir formación *online* o celebrar eventos *online* que permite la asistencia de muchos asistentes.

White paper: es un reporte que describe un problema o su solución. Está escrito de forma bastante formal y utiliza muchos datos.

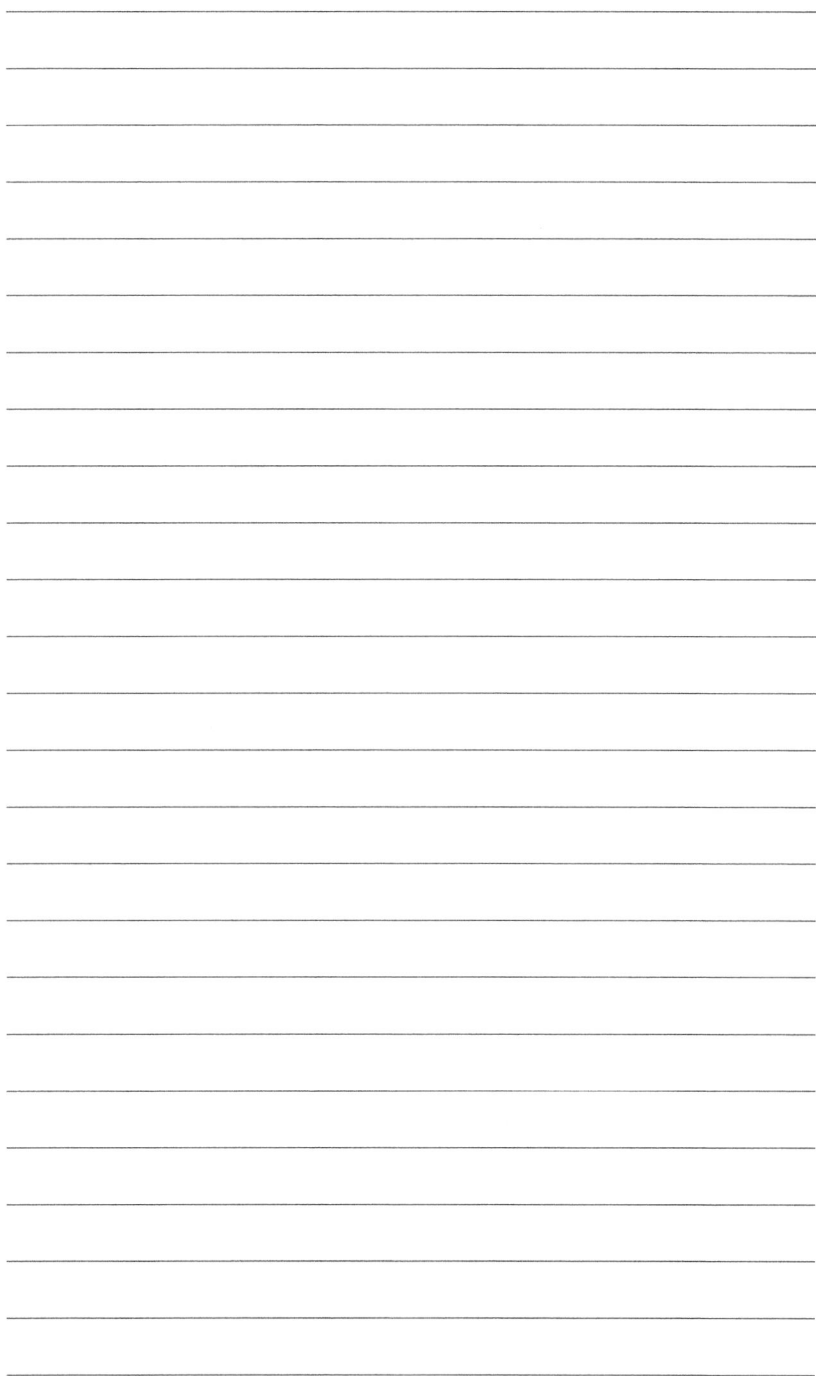

www.ingramcontent.com/pod-product-compliance
Lightning Source LLC
Chambersburg PA
CBHW061154220326
41599CB00025B/4480